Arbeitsheft 1
Heft A

Erarbeitet von

Anna-Katharina Lautenschläger, Heike Leinhos,
Kathrin Merkt, Sandra Precht und Kerstin von Werder

Wissenschaftlich beraten durch

Carola Reuter-Liehr

Illustriert von

Svenja Doering, Isabelle Metzen und Silke Reimers

1

ich

Limo

U

2

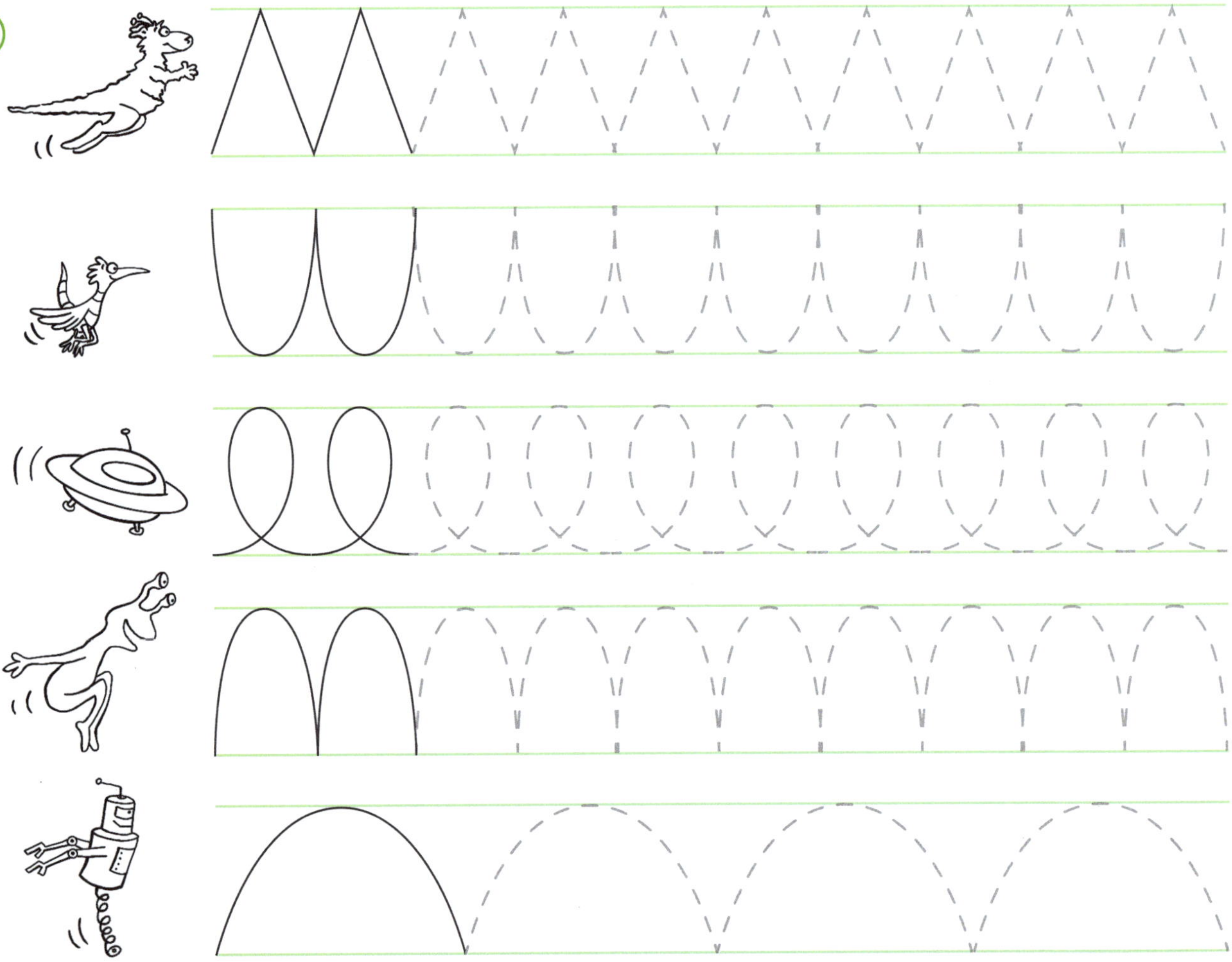

1: erste Wörter schreiben (z. B. den eigenen Namen, bekannte Buchstaben und Wörter), dazu malen

2: Muster nachspuren

• Fibel: S. 5–9

1

2

• Fibel: S. 5–9

1: Muster nachspuren und fortsetzen; eigenes Muster erfinden (Bu)
2: Muster nachspuren und fortsetzen; in Zeile 4 ein eigenes Muster gestalten

1

2

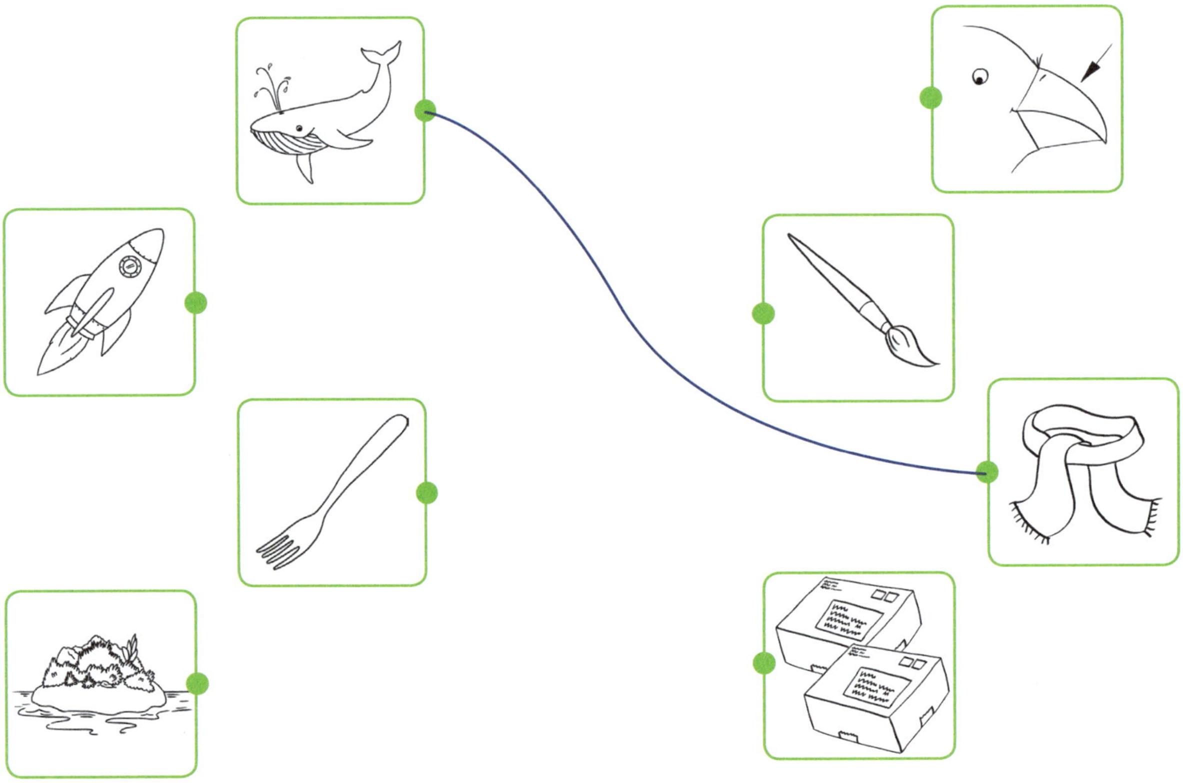

1

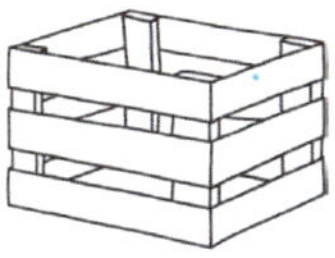

[Bilder: Auto, Hut, Löwe]

[Bild: Feder] [Bild: Banane] [Bild: Gabel]

[Bild: Ei] [Bild: Kiste] [Bild: Oma]

2

[Bild: Dose] [Bild: Ampel] [Bild: Wal]

[Bild: Rakete] [Bild: Unterhose] [Bild: Euro]

[Bild: Jojo] [Bild: Palme] [Bild: Ameise]

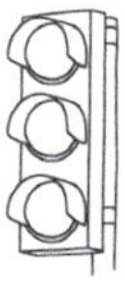

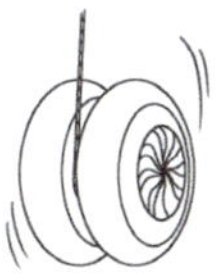

1

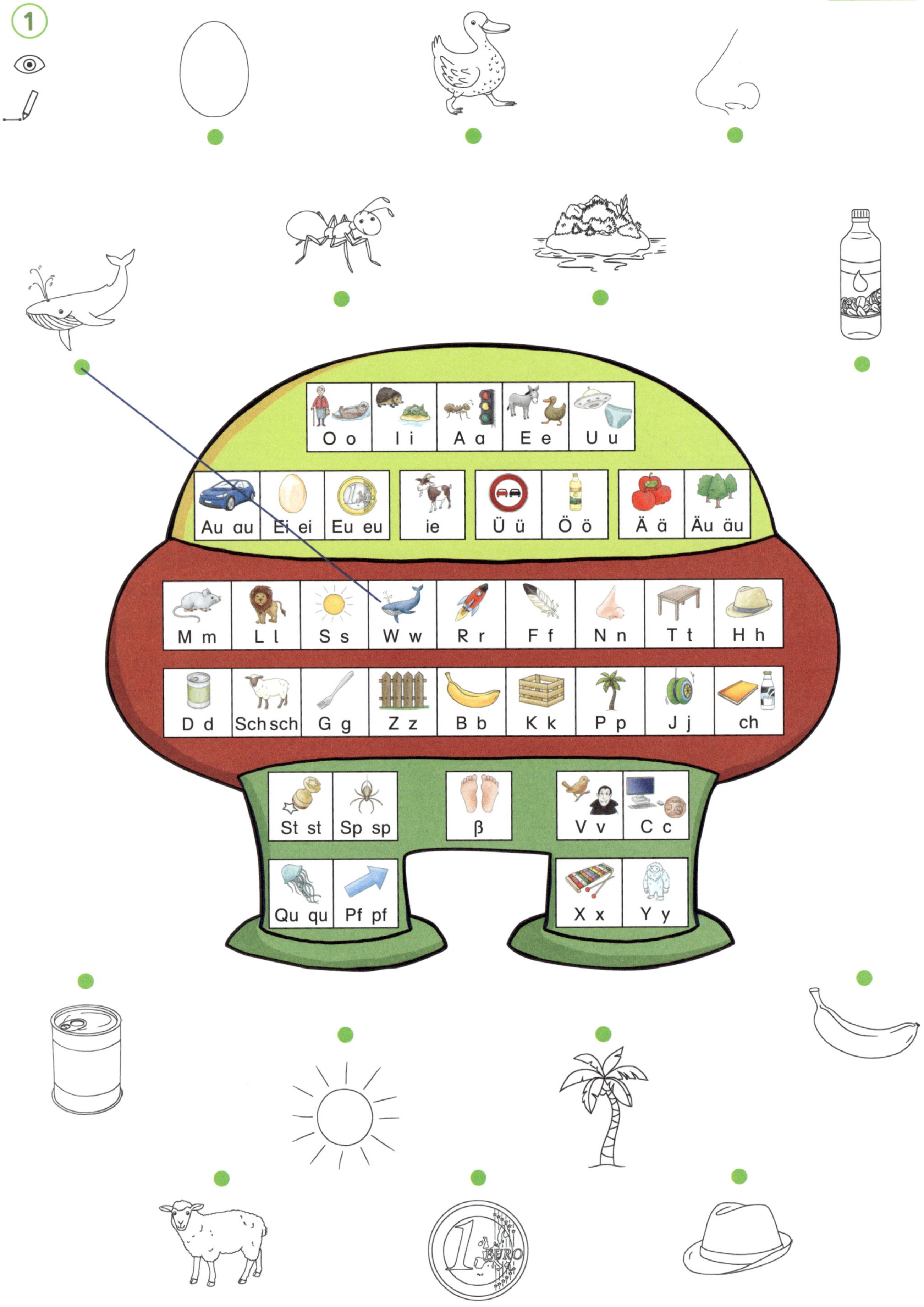

O o	I i	A a	E e	U u

Au au	Ei ei	Eu eu	ie	Ü ü	Ö ö	Ä ä	Äu äu

M m	L l	S s	W w	R r	F f	N n	T t	H h

D d	Sch sch	G g	Z z	B b	K k	P p	J j	ch

St st	Sp sp	ß	V v	C c

Qu qu	Pf pf	X x	Y y

1: Schreib-Ufo kennenlernen, Anlautbilder benennen und verbinden
Differenzierung: über den QR-Code das sprechende Schreib-Ufo aufrufen

• Fibel: S. 5–9

1

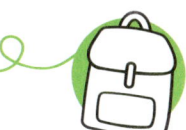

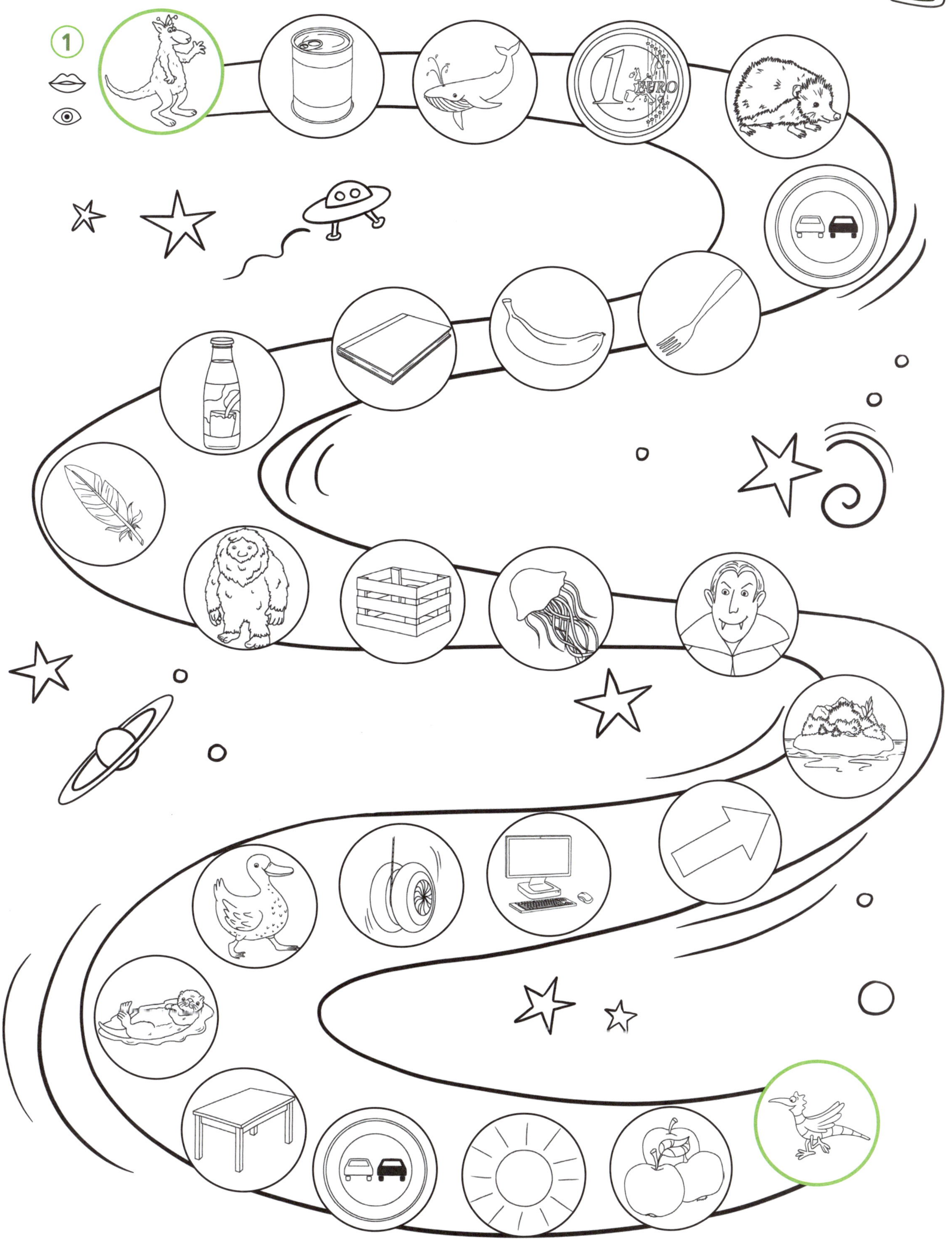

• Fibel: S. 5–9

1: würfeln, Spielfigur (o. ä.) setzen und Anlautbilder benennen

1

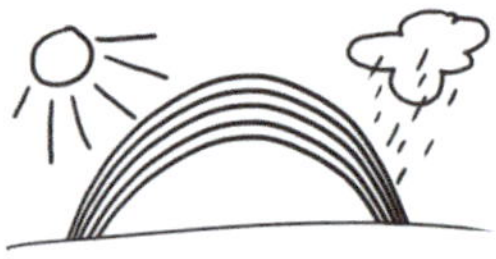

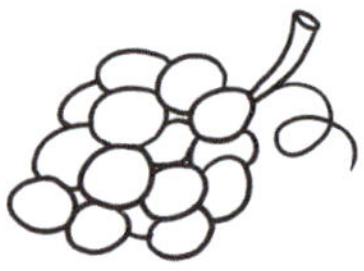

2

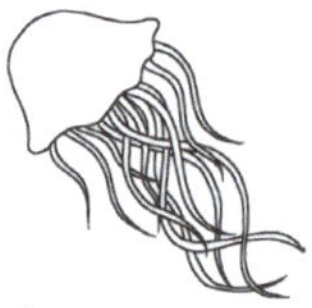

1: Silben schwingen, Silbenbögen setzen
2: Silben schwingen, Bild mit der passenden Silbenanzahl verbinden

• Fibel: S. 5–9
• ⊂ 3

1

☒ 🌙   ☐ 🦏

☐ 🐱   ☐ 🛴

☐ 🍌   ☐ 🌴

☐ 🍅   ☐ 🍄

☐ 🪶   ☐ 🐋

☐ 📖   ☐ 🥫

2

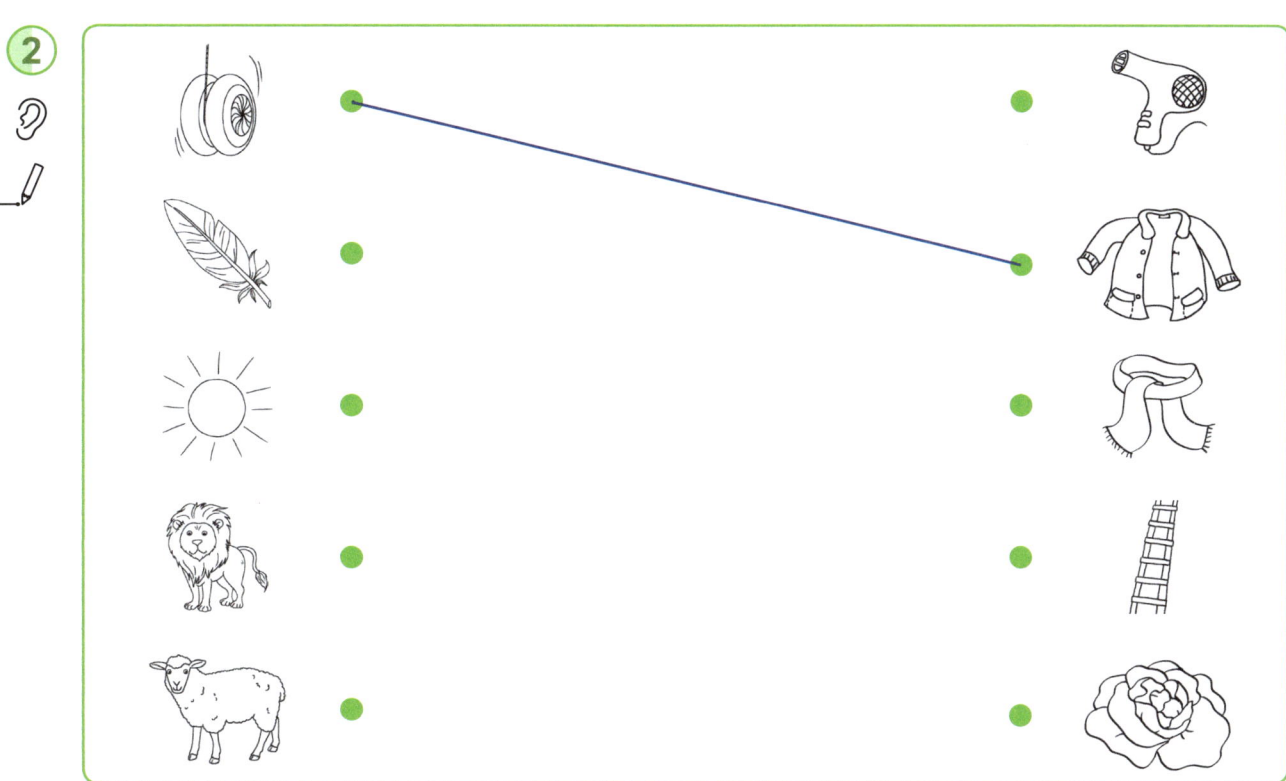

• Fibel: S. 5–9
• ◗ 1

1: Anlautbilder nennen; ankreuzen, welches Wort mit dem gleichen Anlaut beginnt
2: verbinden, welche Wörter mit dem gleichen Anlaut beginnen

9

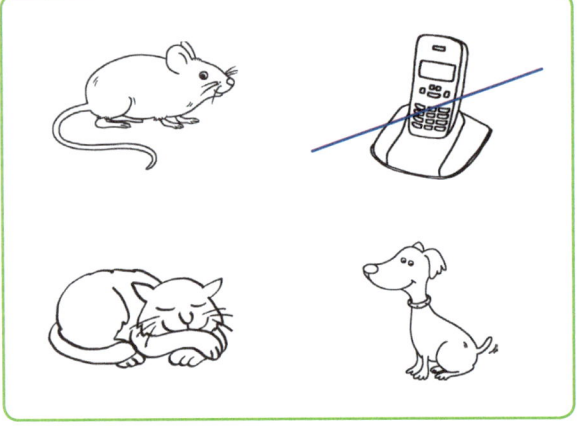

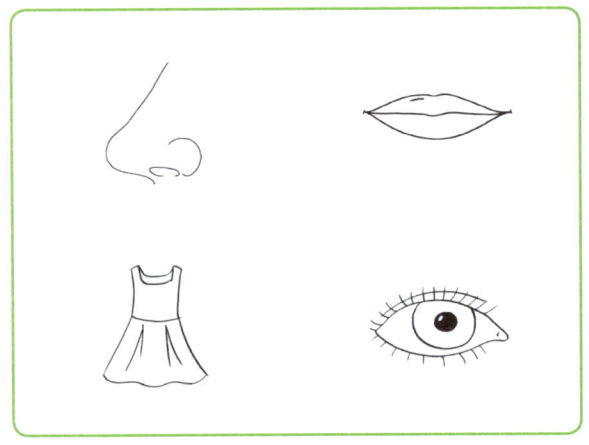

1: Bilder eines Oberbegriffs erfassen und das Bild durchstreichen, was nicht zum Oberbegriff passt

• Fibel: S. 5–9

1

🛸 👁 ✏	☒ W ☐ M

	☐ M ☐ N

	☐ E ☐ F

	☐ J ☐ I

	☐ N ☐ U

	☐ L ☐ I

2

🛸 👁 ✏

H

B

F

Z

R

Au

• Fibel: S. 5–9

1: Schreib-Ufo kennenlernen; ankreuzen, welcher Buchstabe zum Anlautbild gehört
2: Das passende Anlautbild auf dem Schreib-Ufo finden und malen.

11

1

2

1/2: Wörter sprechen; mit dem passenden Vokal (Anlaut) verbinden

• Fibel: S. 10/11, 18/19
• C 4

1

O o

I i

A a

E e

2

O o

I i

A a

U u

1

2

3

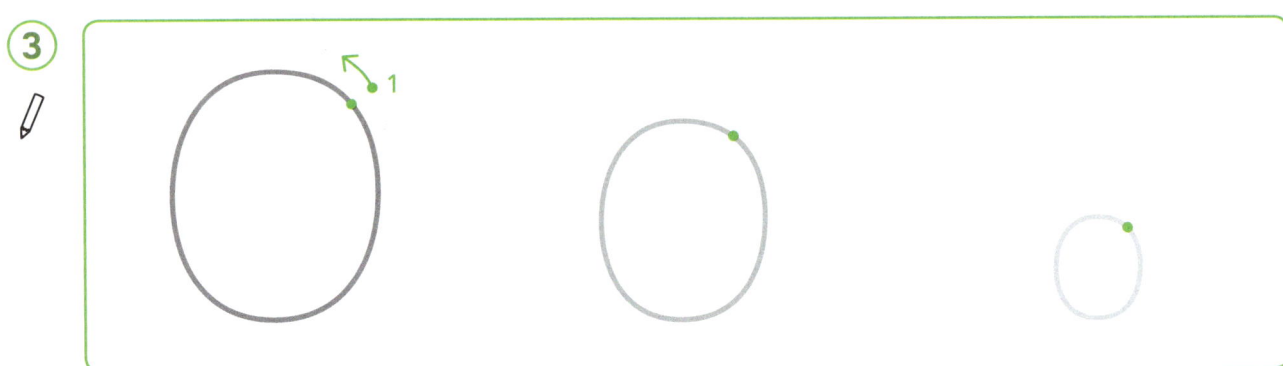

14

1: Wörter in Silben schwingen und sprechen, Wörter mit O finden und einkreisen; Lautge-
bärde anwenden; **Differenzierung:** siehe hinten im Heft; über den QR-Code die Minibilder
anhören; 2: Bewegungsform des O trainieren; 3: O nachspuren

• Fibel: S. 10/11
• C 5–8

1

T   O
U   O   O   Z   D   S   O
O   E
O   I   O
A   G

2

O O O O • • • O

O O O O • • • O

3

• Fibel: S. 10/11
• C 5–8

1: O einkreisen; Anzahl zur Selbstkontrolle im Cockpit angegeben
2: O nachspuren und schreiben
3: Silbentraining: Wörter in Silben schwingen, Silbenbögen mitsprechend setzen

15

1

2

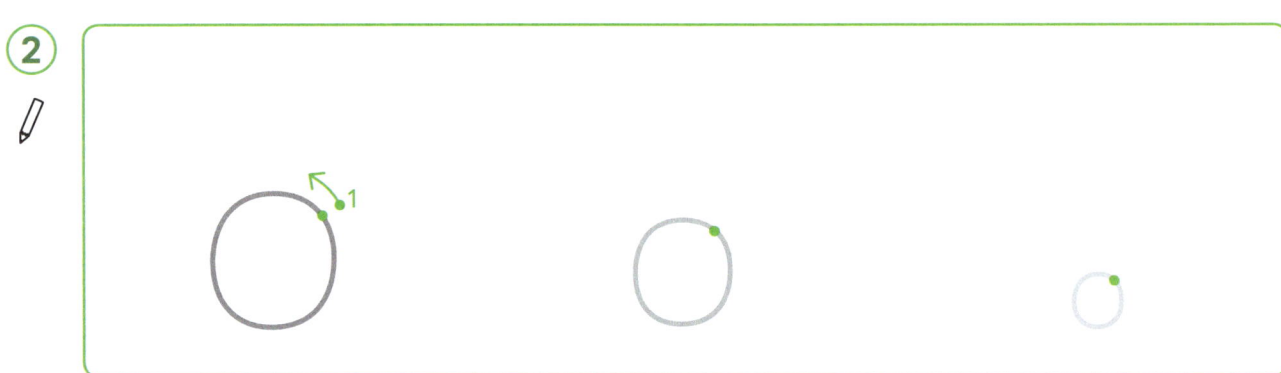

3

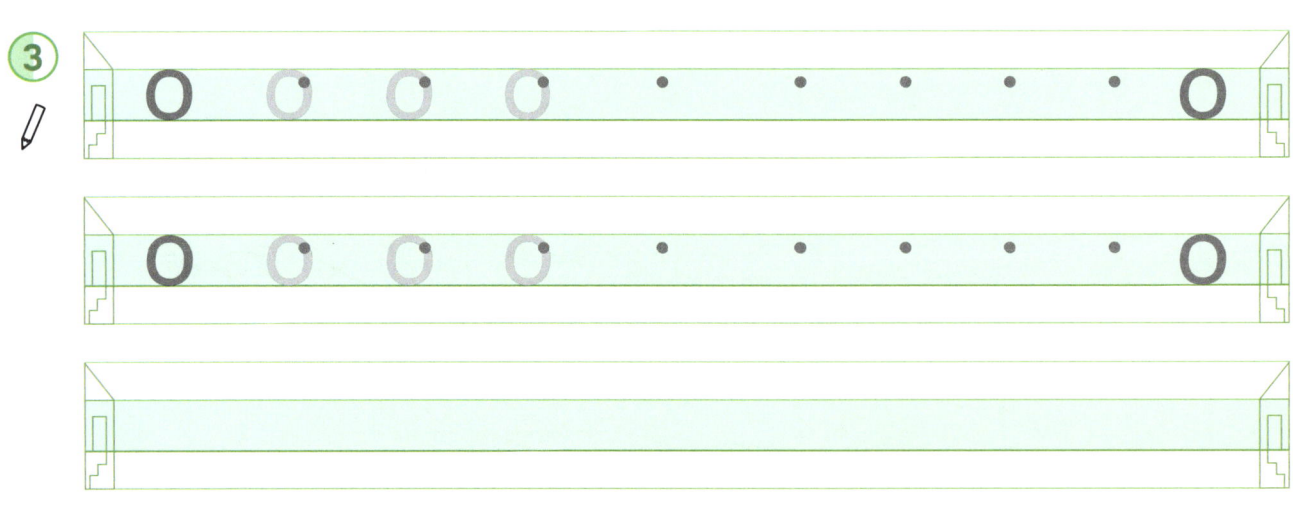

1: Wörter in Silben schwingen und sprechen, Wörter mit o finden und einkreisen; Lautgebärde · Fibel: S. 10/11
anwenden; **Differenzierung:** siehe hinten im Heft; über den QR-Code die Minibilder anhören; · C 5–8
2/3: o nachspuren und schreiben

1

O S O E K O N O G I O T U O C ⑥

n o c f o l a u o i o m o r o u ⑥

2

3

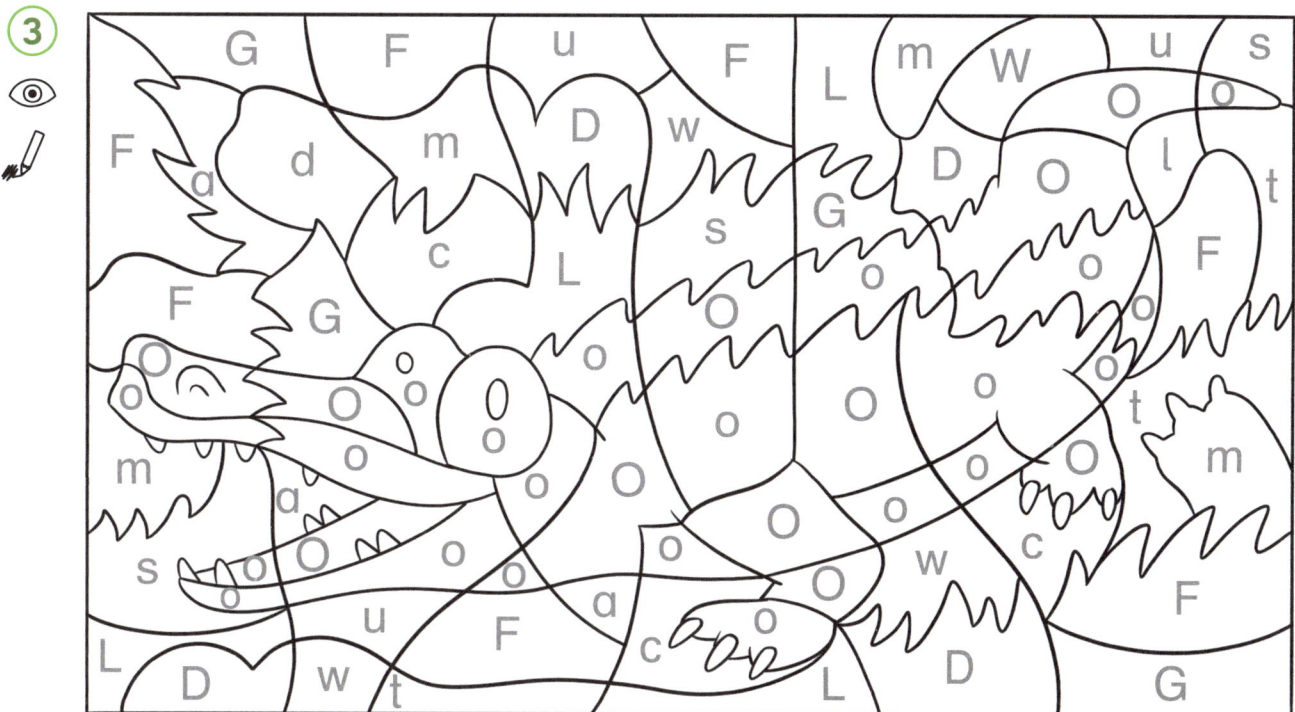

• Fibel: S. 10/11
• C 5–8

1: O o einkreisen
2: Silbentraining: Wörter in Silben schwingen, Silbenbögen mitsprechend setzen
3: Felder mit O o anmalen

17

  **l i**

1

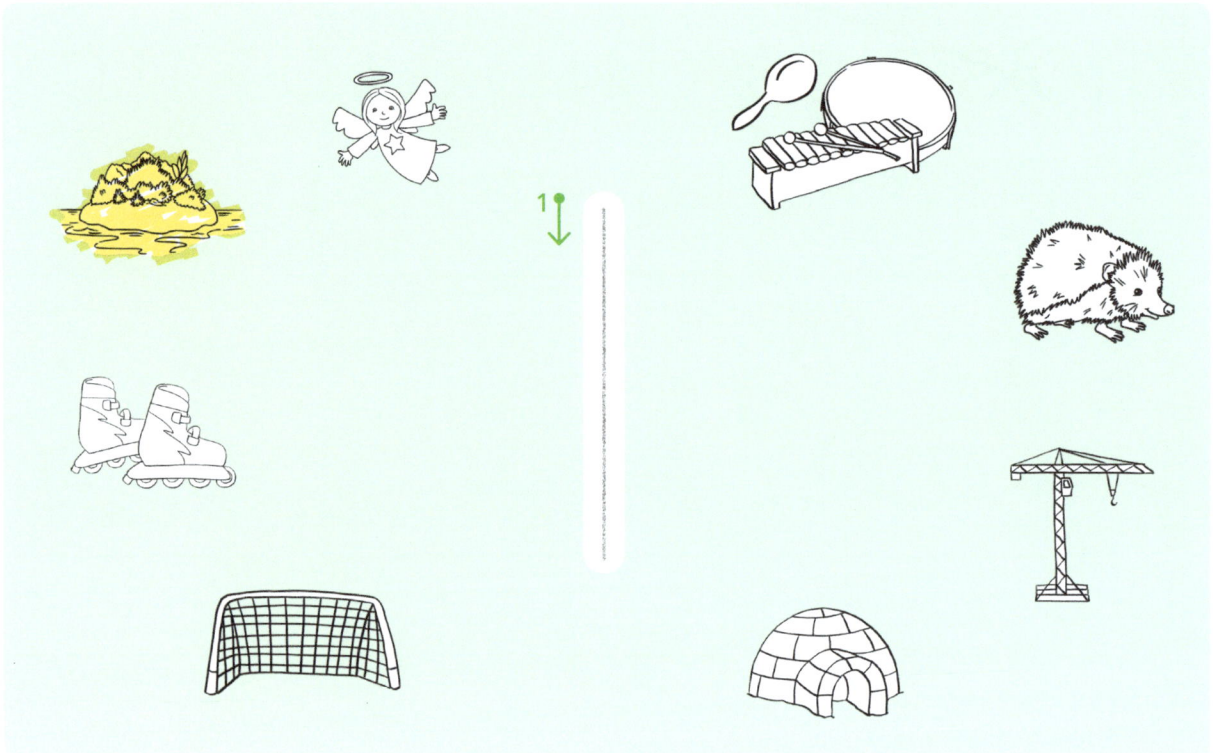

2

3

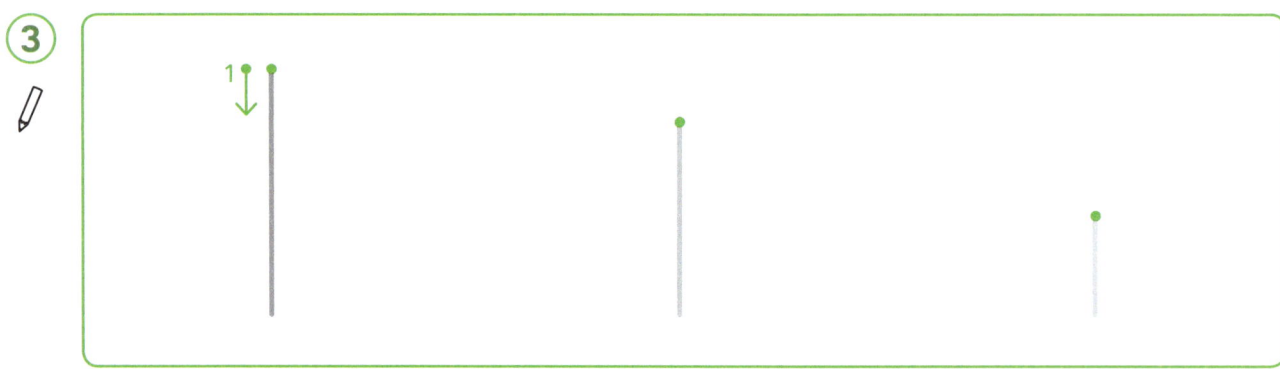

1: Wörter in Silben schwingen und sprechen, Wörter mit I finden und einkreisen; Lautgebärde • Fibel: S. 10/11
anwenden; **Differenzierung**: siehe hinten im Heft; über den QR-Code die Minibilder anhören; • ○ 9 – 12
2: Bewegungsform des I trainieren; 3: I nachspuren

1

M D I O
I L U J O I
G S M
T
I

2

3

• Fibel: S. 10/11
• ⌒ 9–12

1: I einkreisen
2: I nachspuren und schreiben
3: Silbentraining: Wörter in Silben schwingen, Silbenbögen mitsprechend setzen

19

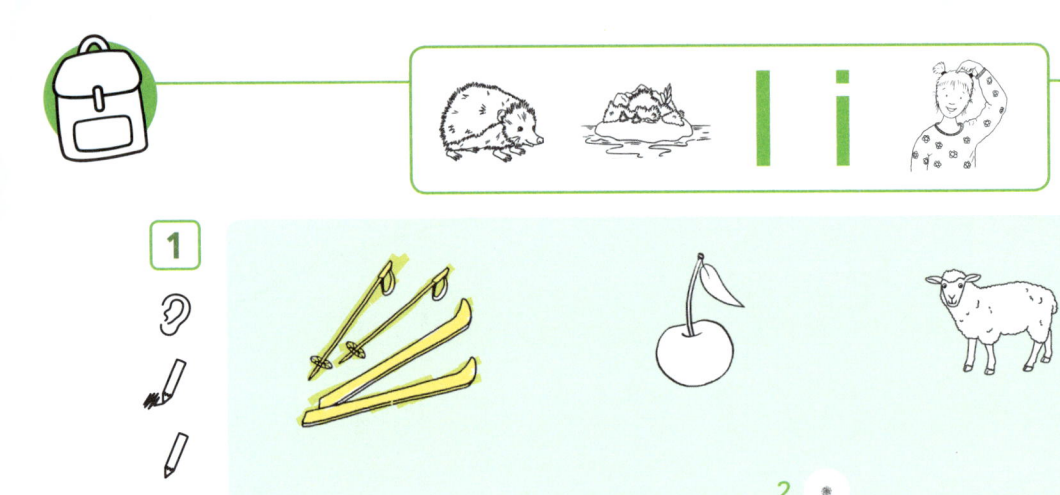

1

2

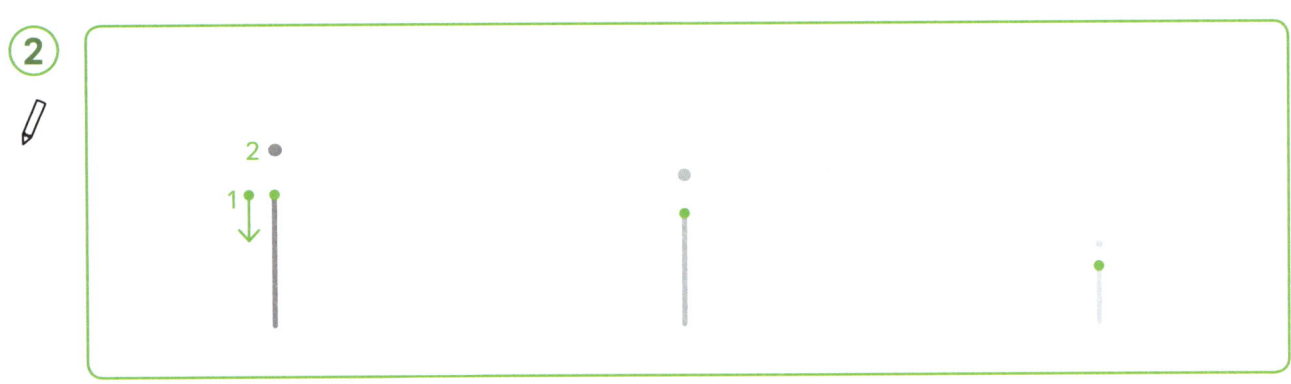

3

1: Wörter in Silben schwingen und sprechen, Wörter mit i finden und einkreisen; Lautgebärde anwenden; **Differenzierung:** siehe hinten im Heft; über den QR-Code die Minibilder anhören; **2/3:** i nachspuren und schreiben

• Fibel: S. 10/11
• ◯ 9–12

ZIJHLBINIDAITINAI

 6

rintisiwirljitfiü

 6

2

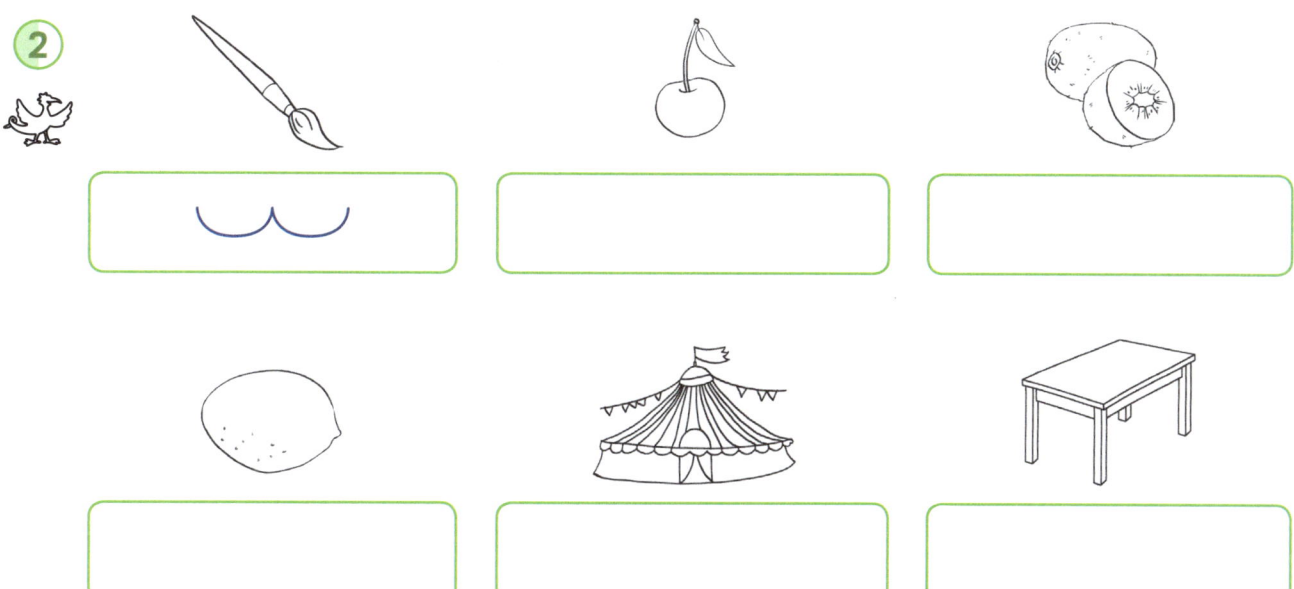

3

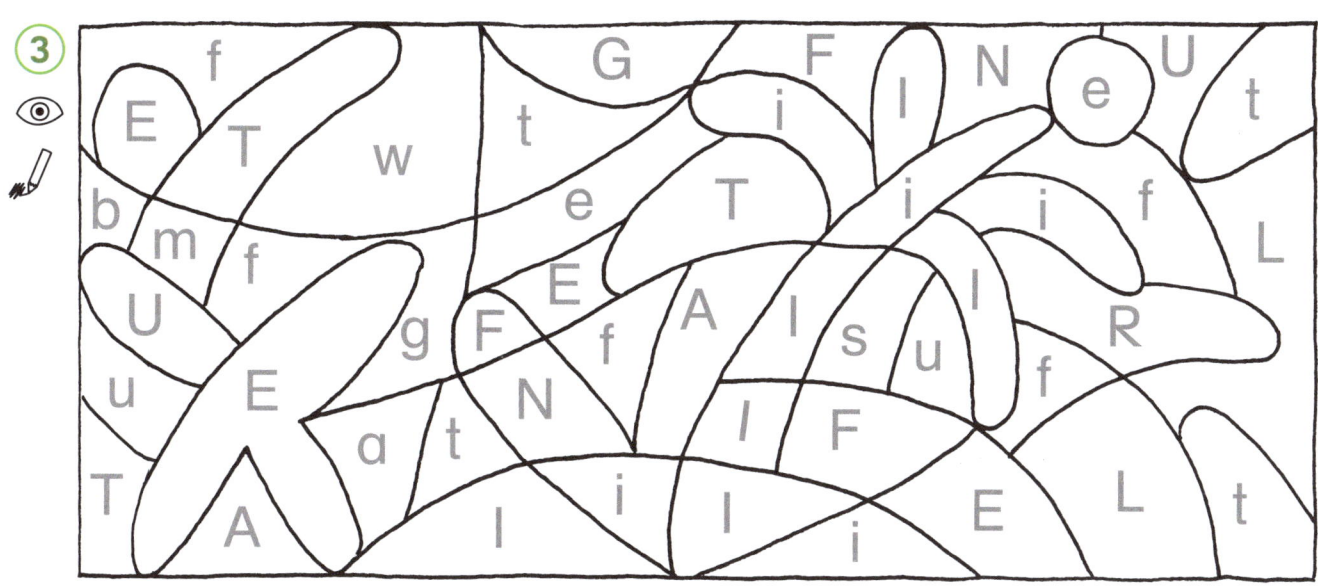

• Fibel: S. 10/11
• 9 – 12

1: I i einkreisen
2: Silbentraining: Wörter in Silben schwingen, Silbenbögen mitsprechend setzen
3: Felder mit I i anmalen

21

1

2

3

1: Wörter in Silben schwingen und sprechen, Wörter mit A finden und einkreisen; Lautgebärde   • Fibel: S. 10/11
anwenden; **Differenzierung:** siehe hinten im Heft; über den QR-Code die Minibilder anhören;   • C 13–16
2: Bewegungsform des A trainieren; **3:** A nachspuren

1

A L N S A
H L A S A G E M
A N S V E
A A H

2

A A A A · · · A

A A A A · · · A

3

• Fibel: S. 10/11
• ⌒ 13–16

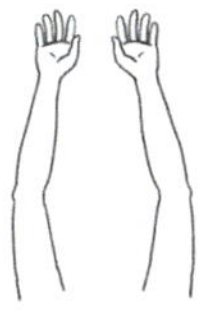

1: A einkreisen
2: A nachspuren und schreiben
3: Silbentraining: Wörter in Silben schwingen, Silbenbögen mitsprechend setzen

23

1

2

3

1: Wörter in Silben schwingen und sprechen, Wörter mit a finden und einkreisen; Lautgebärde · Fibel: S. 10/11
anwenden; **Differenzierung:** siehe hinten im Heft; über den QR-Code die Minibilder anhören; · ⌒ 13–16
2/3: a nachspuren und schreiben

1

ANVAUNMHADNASSAMAT

aoauesatgaamaoana

2

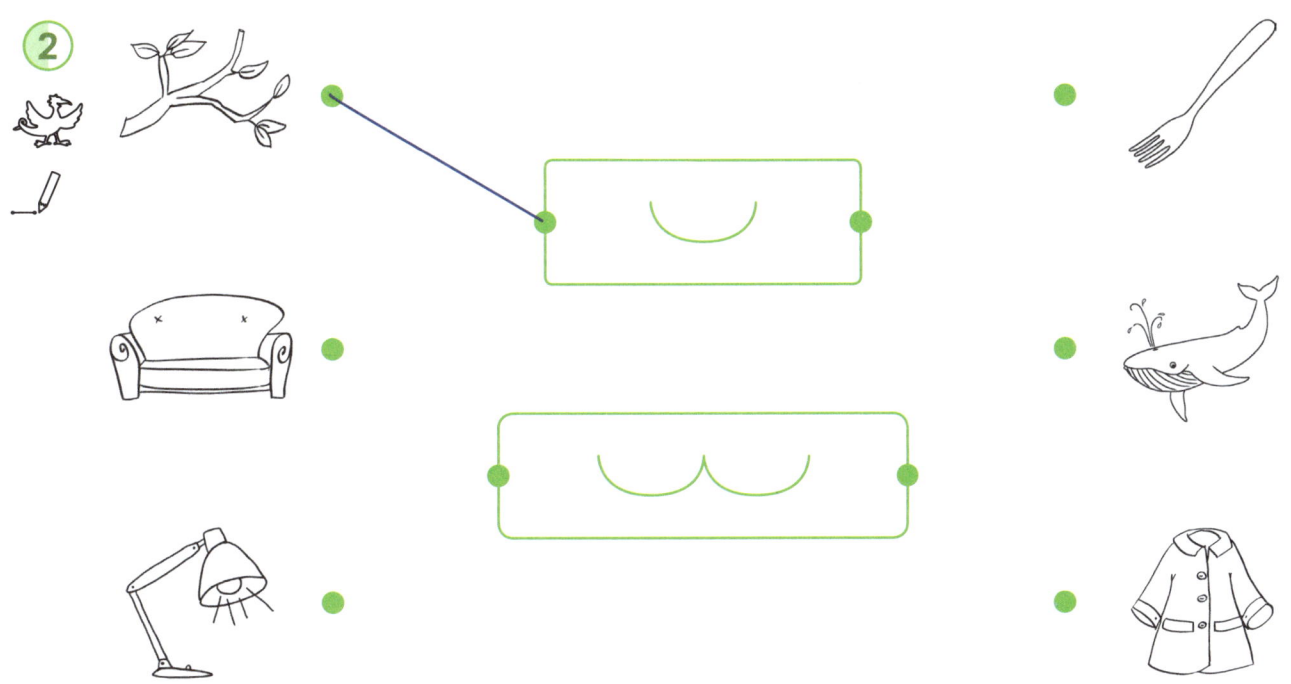

3

A	a	d	e	E	D	B	E	H	L
U	a	B	R	a	A	A	d	a	A
e	A	H	E	A	V	A	e	A	o
P	A	U	u	a	D	a	A	a	e
A	a	M	D	A	F	U	d	N	H
a	H	D	V	A	H	E	F	B	L
A	a	a	a	A	A	M	O	d	e	d

1

2

3

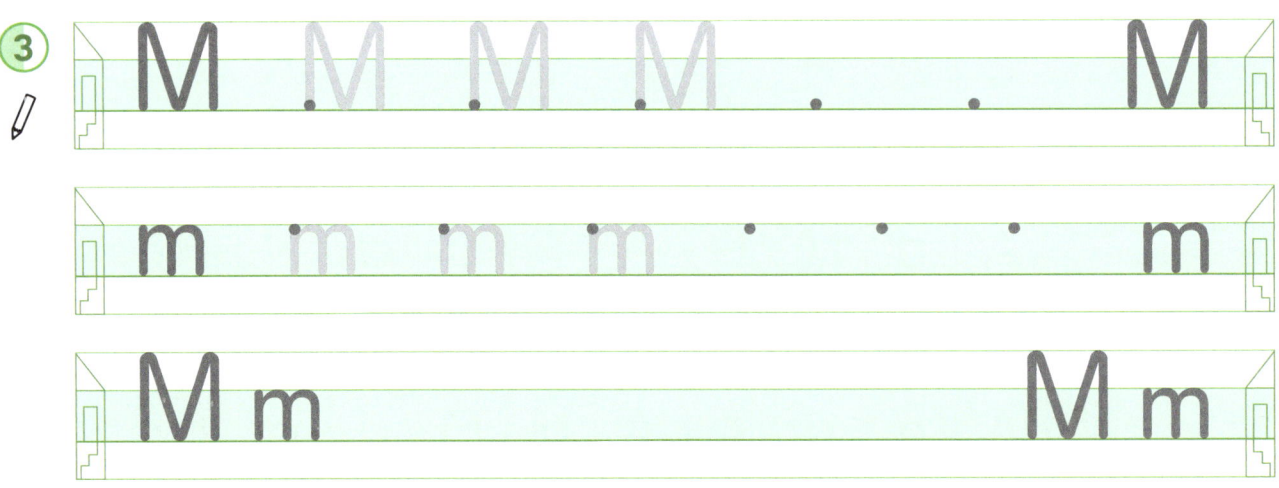

1: Wörter in Silben schwingen und sprechen, Wörter mit M m finden und einkreisen; Lautgebärde anwenden; **Differenzierung:** siehe hinten im Heft; über den QR-Code die Minibilder anhören; **2/3:** M m nachspuren und schreiben

• Fibel: S. 12/13
• C 17–21

1

M	m	M	r	E	t	T	L	w	l
L	r	m	M	w	e	R	E	R	j
R	l	f	m	T	g	g	m	M	m
m	m	M	m	r	k	M	M	L	t
M	h	t	H	t	w	m	l	r	R
m	M	M	M	m	M	M	r	E	e

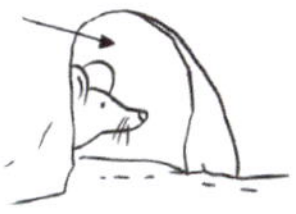

2

Mama

Mami

3

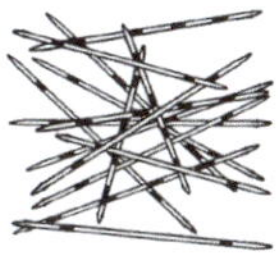

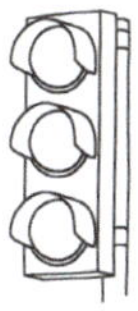

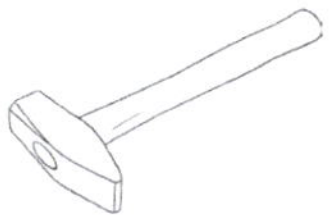

• Fibel: S. 12/13
• C 17–21

1: Felder mit M m anmalen; **2**: Wörter mit M m schreiben und lesen; Silbenarbeit beim Schreiben;
Differenzierung: Wörter dieser Aufgabe oder eigene Wörter mit M m (ab-)schreiben;
3: Silbentraining: Wörter in Silben schwingen, mit der passenden Silbenanzahl verbinden

27

1

2

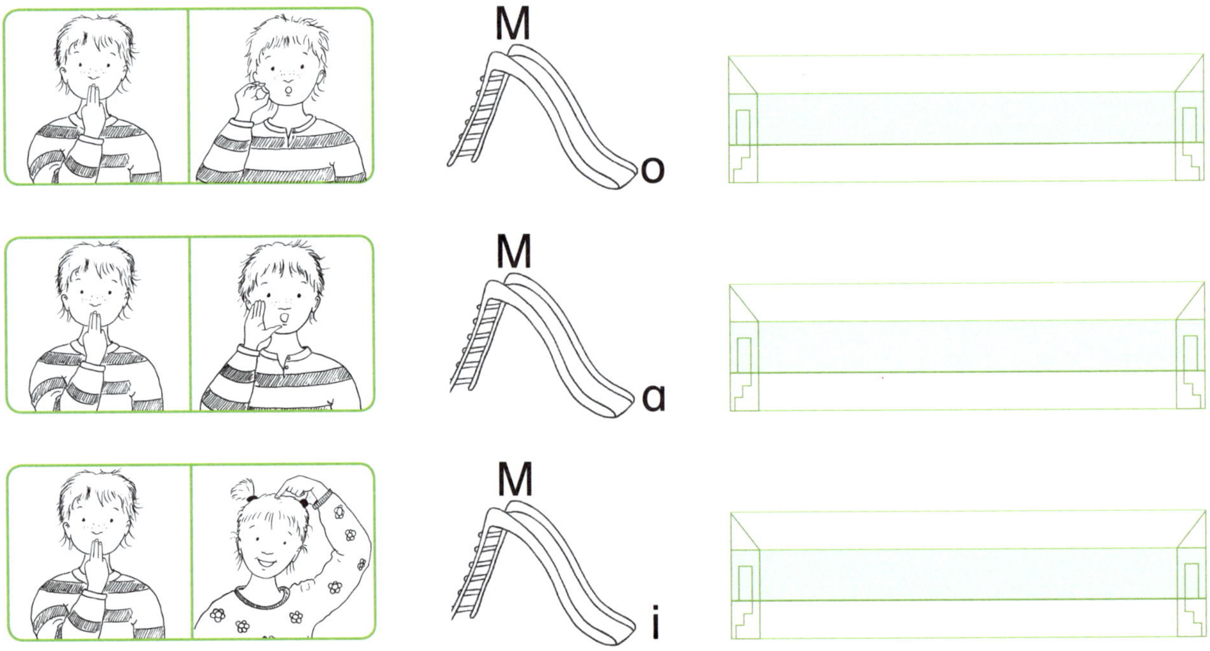

M
o

M
a

M
i

3

Ma	Mi	Mo	Mo	Mi	Ma
mi	mo	ma	ma	mo	mi
Ma	mi	Mo	ma	Mi	mo

1: Wörter in Silben sprechen, ankreuzen in welcher Silbe M m zu hören ist; **Diff.:** siehe hinten
im Heft; **2:** Mit Lautgebärden und Leserutsche die Lautsynthese anwenden, Silben lesen und
schreiben; **3:** Silbenarbeit (Piloten markieren, mit Silbenbögen lesen): Silben mehrmals lesen

• Fibel: S. 12/13
• ◠ 17—21

1

Mo ●		Mo ●	
●			
Ma ●		Mi ●	

Mo ●		Mo ●	
		●	
Mi ●		Ma ●	

2

Mo ma	Ma mi	Mi mi	Mo mi
ma mo	mi mo	mi ma	mi mo
Momo	Mimi	Mama	Mami
Mumimi	memamo	Momami	mimimo

3

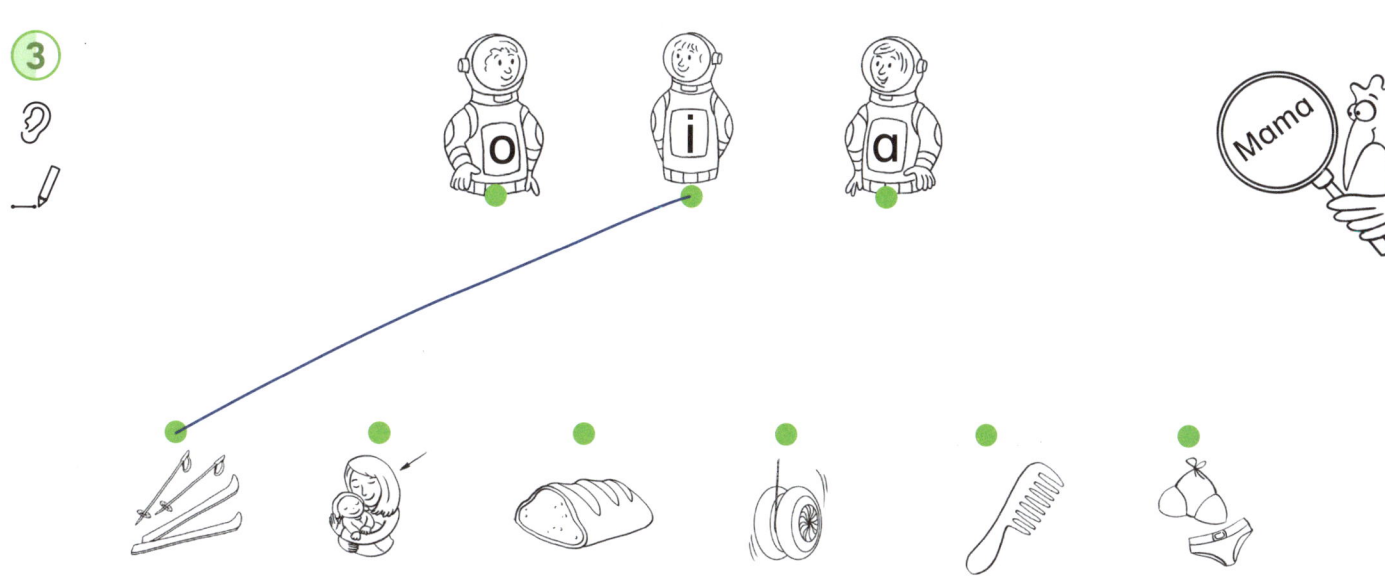

Mama

1: Silben lesen (Silbenarbeit) und mit passendem Bild verbinden; **2:** Silbenarbeit (Piloten markieren und mit Silbenbögen lesen); **Diff.:** Wörter mit drei Silben und unbekannte Buchstaben; **3:** Wörter sprechen, Vokale heraushören und mit passendem Piloten verbinden **Bu mit Lupe:** passendes Wort oder Bild auf den Seiten zum M m finden und einkreisen

1

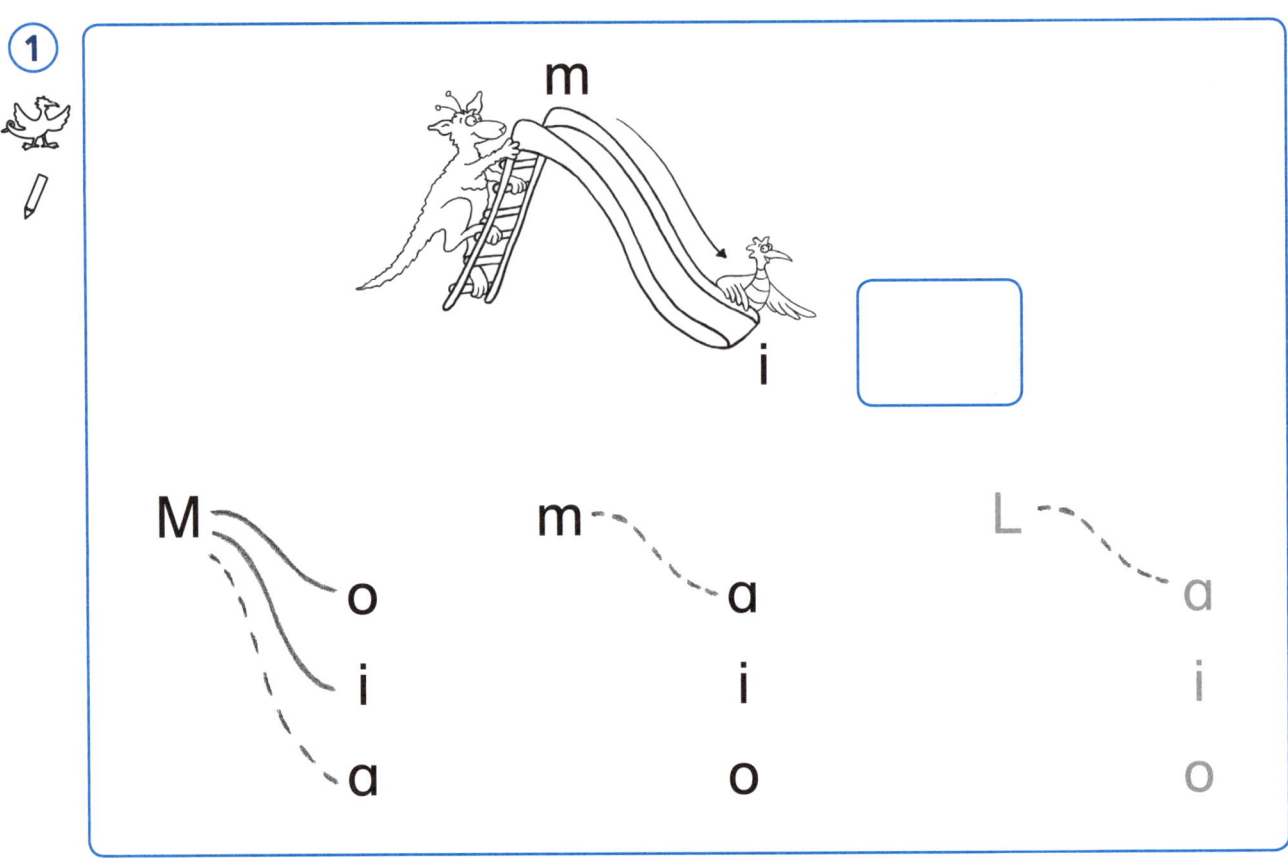

m

i

M — o
— i
··· a

m --- a
i
o

L --- a
i
o

2

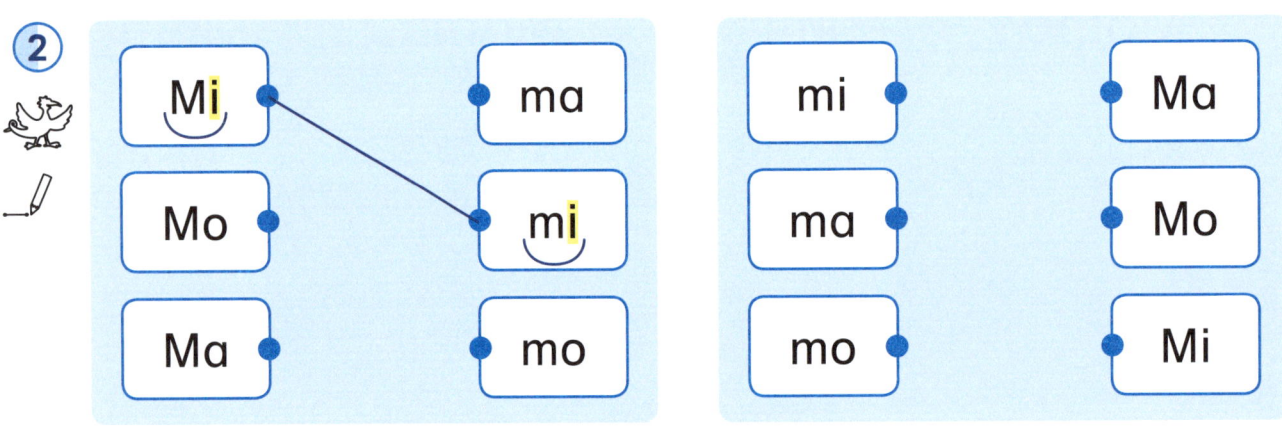

Mi — ma

Mo — mi

Ma — mo

mi — Ma

ma — Mo

mo — Mi

3

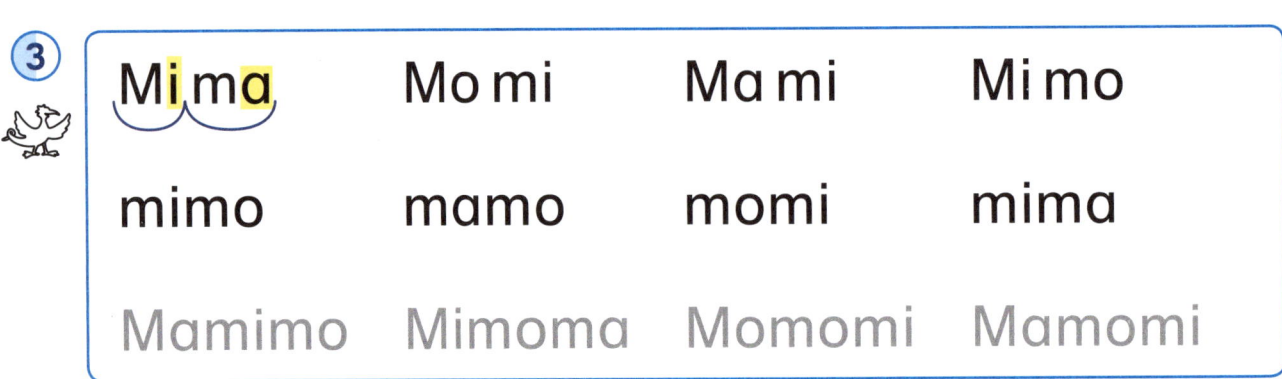

Mima	Momi	Mami	Mimo
mimo	mamo	momi	mima
Mamimo	Mimoma	Momomi	Mamomi

1: mit der Leserutsche die Lautsynthese anwenden, Silben lesen
2: Silbenarbeit (Piloten markieren, mit Silbenbögen lesen), gleiche Silben verbinden
3: Silbenarbeit (Piloten markieren und mit Silbenbögen lesen); **Diff.:** Wörter mit drei Silben

• Fibel: S. 14/15

1

☺ ☺ 😐 ☹

2

O o

M m

☺ ☺ 😐 ☹

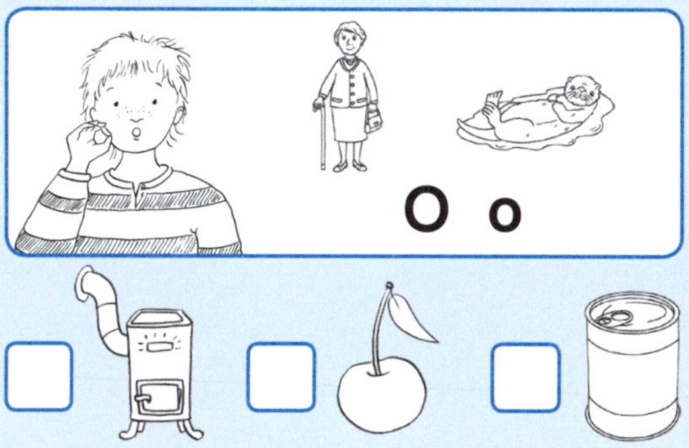

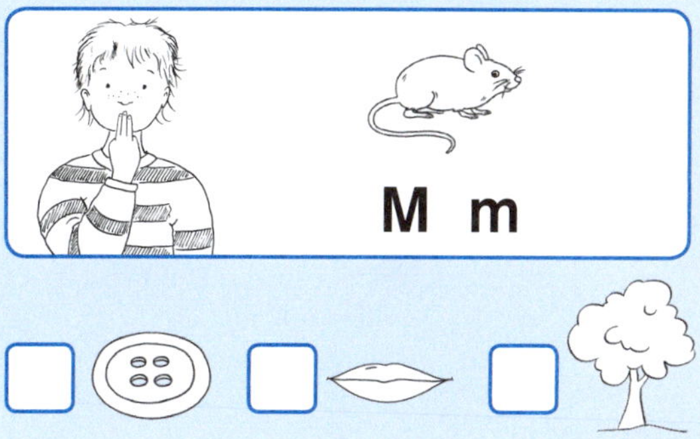

3

☺ ☺ 😐 ☹

4

M		A	I	M	
m	o				a

☺ ☺ 😐 ☹

• Fibel: am Ende von Kapitel 1   Inhalte aus den Bereichen Sprache untersuchen und Schreiben wiederholen;
Lernerfolg selbst einschätzen; über Lernen sprechen; Lernerfahrungen reflektieren

31

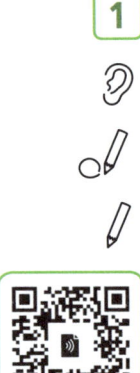

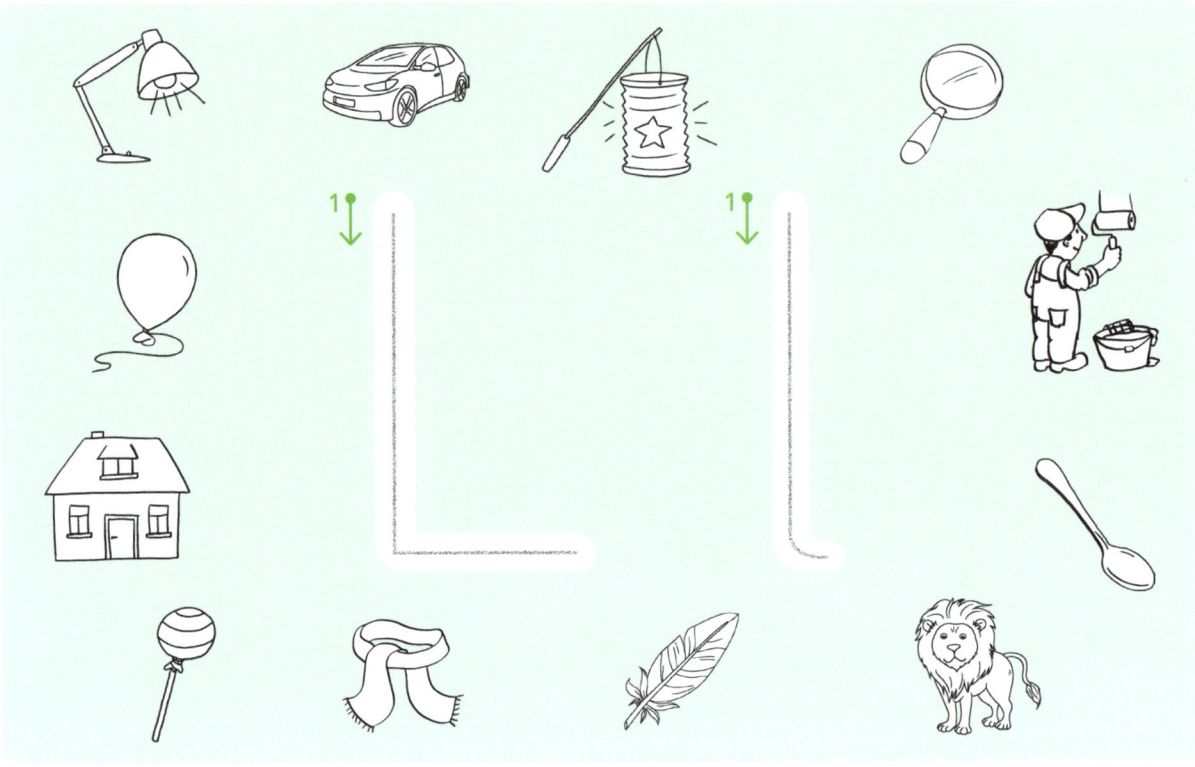

2

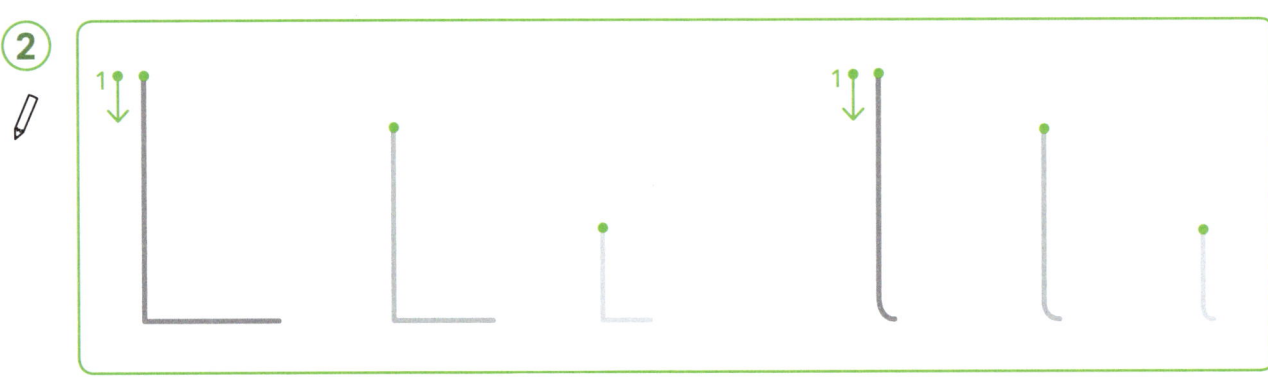

3

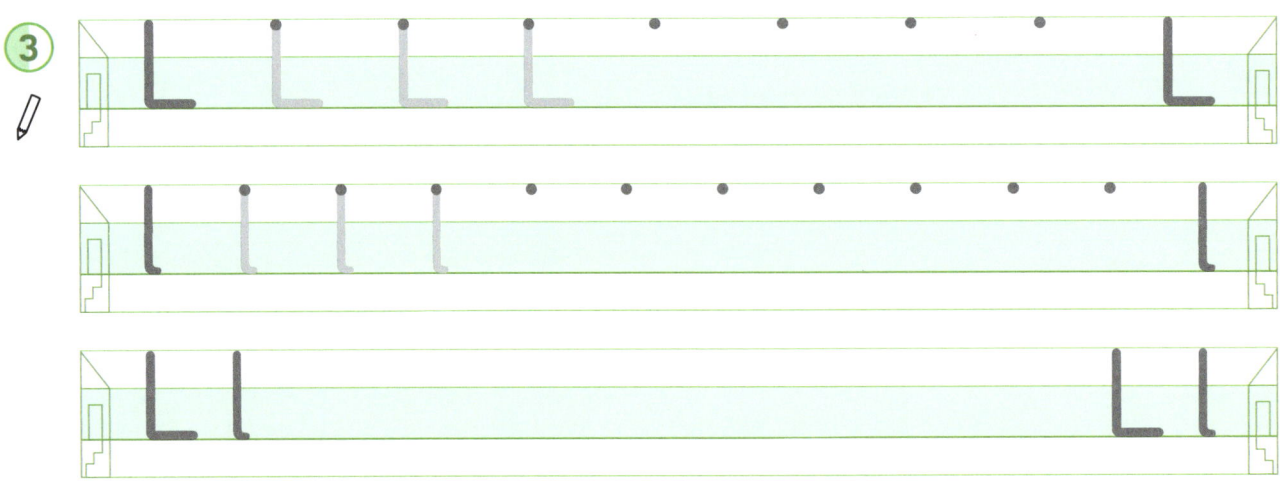

1: Wörter in Silben schwingen und sprechen, Wörter mit L l finden und einkreisen; Lautge-
bärde anwenden; **Differenzierung:** siehe hinten im Heft; über den QR-Code die Minibilder
anhören; **2/3:** L l nachspuren und schreiben

• Fibel: S. 16/17
• C 22–26

1

S W A L E U L D P L M L C G L F S O   ⑤

l m d e t l i k a j h n l b i r l ü w   ③

X m L o l a S K l O l i l a l A H l k e   ⑤

2

Lio

Lola

lila

3

1: L l einkreisen; **Diff.:** versteckte Wörter finden; 2: Wörter mit L l schreiben und lesen; Silbenarbeit beim Schreiben; **Diff.:** Wörter dieser Aufgabe oder eigene Wörter mit L l (ab-) schreiben; 3: Silbentraining: Wörter in Silben schwingen, Silbenbögen mitsprechend setzen

1

2

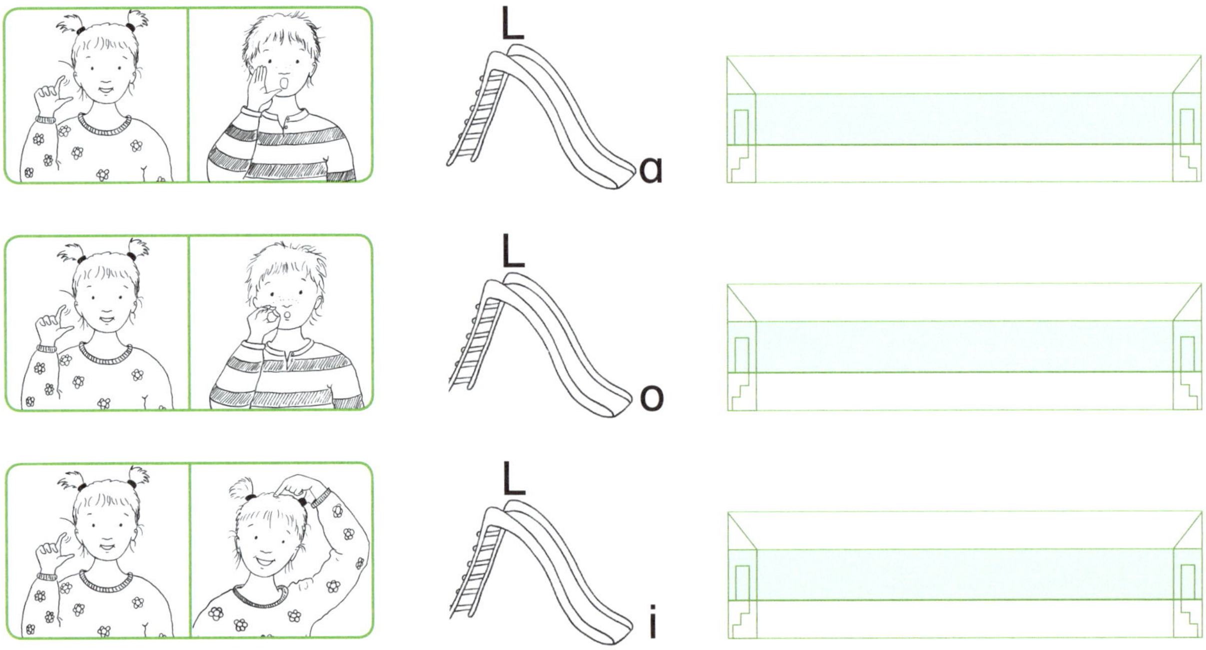

L
a

L
o

L
i

3

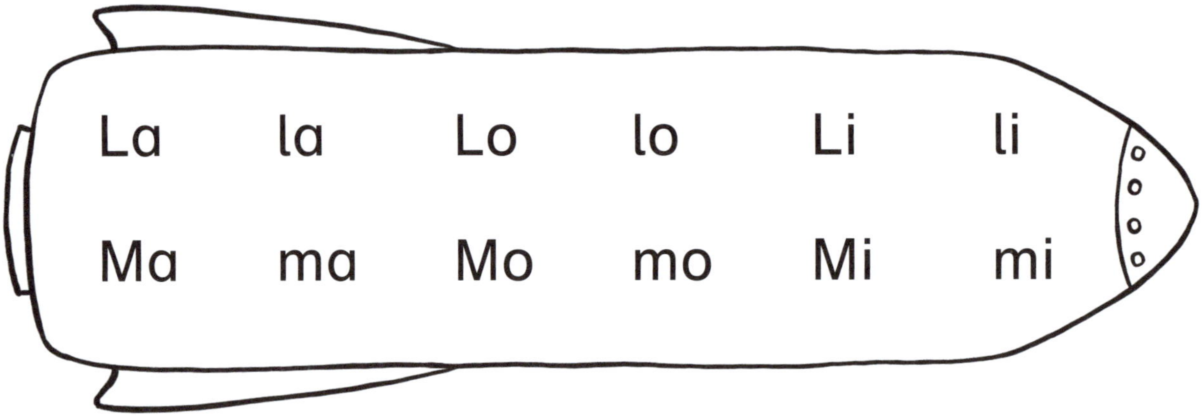

La	la	Lo	lo	Li	li
Ma	ma	Mo	mo	Mi	mi

1: Wörter in Silben sprechen, ankreuzen in welcher Silbe L l zu hören ist; **Diff.:** siehe hinten im Heft; 2: Mit Lautgebärden und Leserutsche die Lautsynthese anwenden, Silben lesen und schreiben; 3: Silbenarbeit (Piloten markieren, mit Silbenbögen lesen): Silben mehrmals lesen

• Fibel: S. 16/17
• ◯ 22–26

1

La •   •
Lo •

Lo •   • Nr. 17
Li •

Li •   •
Lo •

Lo •   •
La •

La •   •
Lo •

Lo •   •
Li •

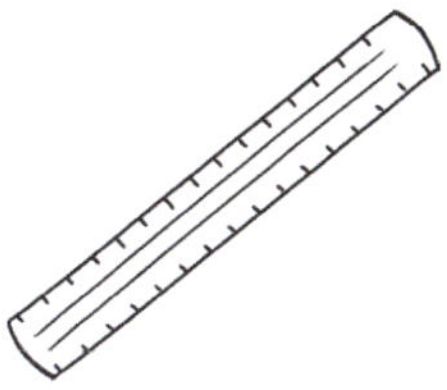

2

La •   • la
     • ma

Li •   • mo
     • mi

Lo •   • la
     • lo

3

o   i   a

lila

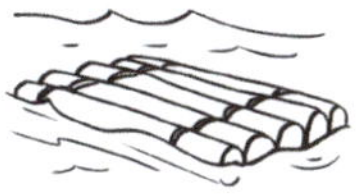

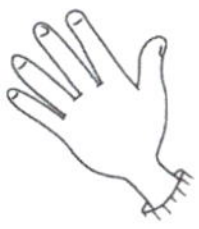

1: Silben lesen (Silbenarbeit) und mit passendem Bild verbinden
2: Silben lesen (Silbenarbeit), passend zum Bild verbinden
3: Wörter sprechen, Vokale heraushören und mit passendem Piloten verbinden

2

3

1: Wörter in Silben schwingen und sprechen, Wörter mit E e finden und einkreisen; Lautge-
bärde anwenden; **Differenzierung:** siehe hinten im Heft; über den QR-Code die Minibilder
anhören; **2/3:** E e nachspuren und schreiben

• Fibel: S. 18/19
• ⌒ 27–30

1

Z e E p e W e H
z E H t M
e G f o c d F i P e ä
A S E u L E C
s E u L E C
E w U O E c F
E c F D

2

Ela

Lele

3

1: E e einkreisen; 2: Wörter mit E e schreiben und lesen; Silbenarbeit beim Schreiben;
Differenzierung: Wörter dieser Aufgabe oder eigene Wörter mit E e (ab-)schreiben;
3: Silbentraining: Wörter in Silben schwingen, mit der passenden Silbenanzahl verbinden

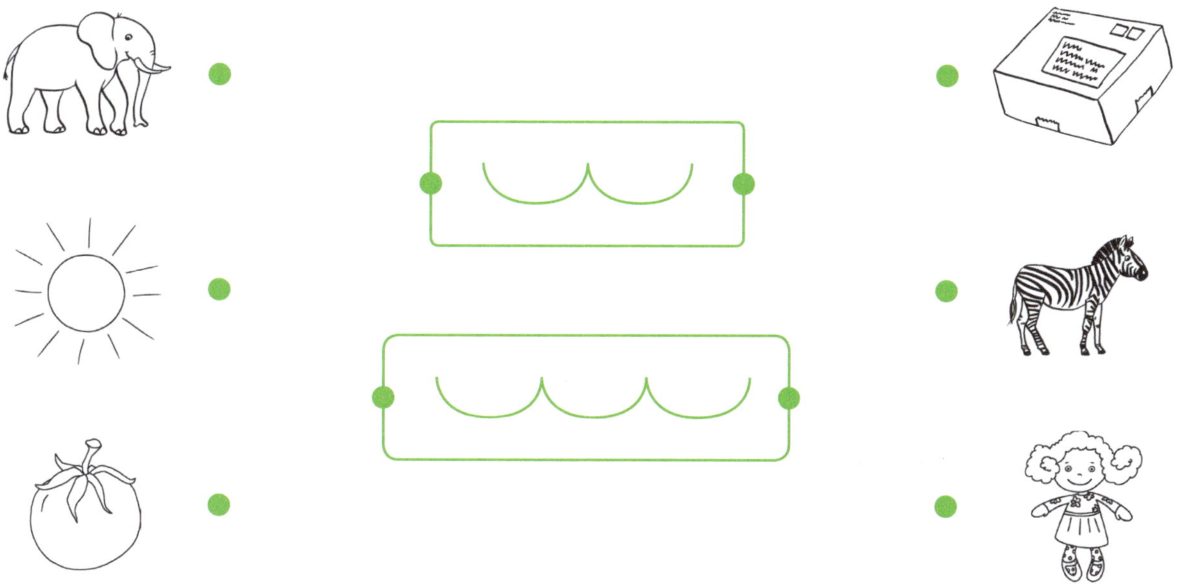

1

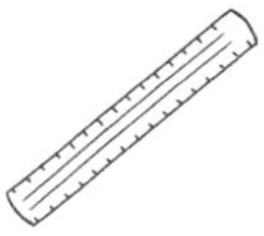

2

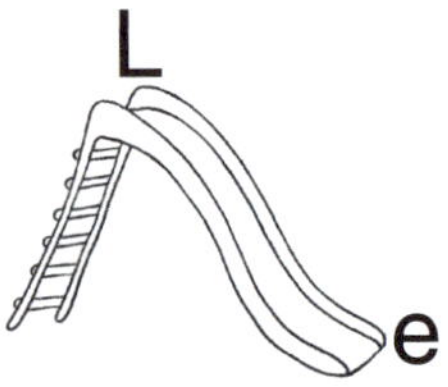

L
e

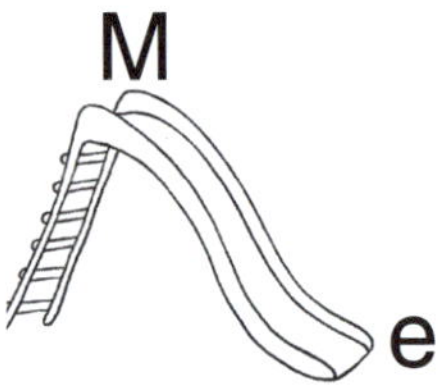

M
e

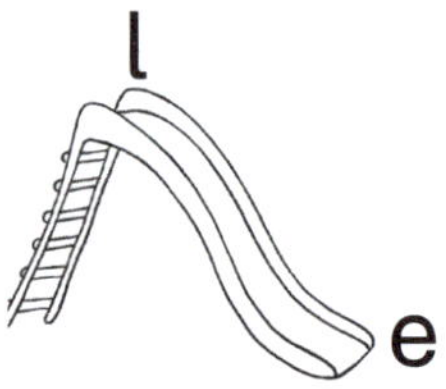

l
e

3

La   la   Ma   ma   Lo   lo   Mo   mo

Li   li   Mi   mi   Le   le   Me   me

1: Wörter in Silben sprechen, ankreuzen in welcher Silbe E e zu hören ist; **Diff.:** siehe hinten im Heft; 2: Mit Lautgebärden und Leserutsche die Lautsynthese anwenden, Silben lesen und schreiben; 3: Silbenarbeit (Piloten markieren, mit Silbenbögen lesen): Silben mehrmals lesen

• Fibel: S. 18/19
• C 27–30

1

Me •
Ma •

Me •
Mo •

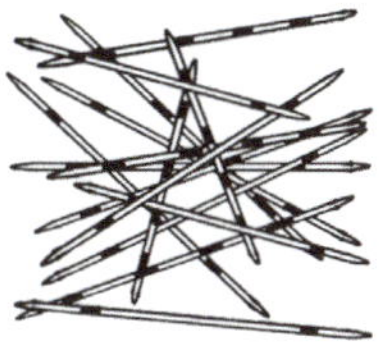

E •
I •

Me •
Ma •

Me •
Mi •

E •
I •

2

O • • le
    • la

Le • • la
     • lo

Li • • me
     • mo

3

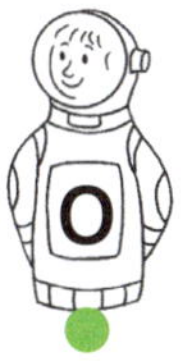

e   o   a

Lela

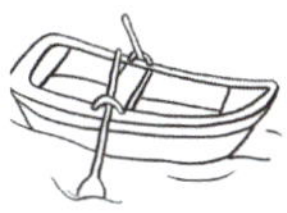

• Fibel: S. 18/19
• ↻ 27–30

1: Silben lesen (Silbenarbeit) und mit passendem Bild verbinden
2: Silben lesen (Silbenarbeit), passend zum Bild verbinden
3: Wörter sprechen, Vokale heraushören und mit passendem Piloten verbinden

39

1

2

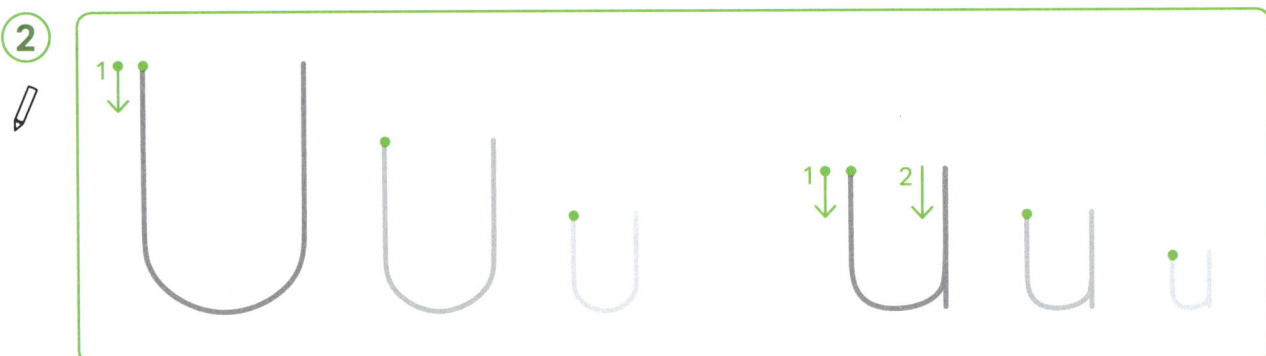

3

1: Wörter in Silben schwingen und sprechen, Wörter mit U u finden und einkreisen; Lautge-
bärde anwenden; **Differenzierung:** siehe hinten im Heft; über den QR-Code die Minibilder
anhören; **2/3:** U u nachspuren und schreiben

• Fibel: S. 18/19
• ℂ 31–34

1

r U a h U e Z u
X u O o l c d L i Z u C
n f g U C i W o
u A G e U u n u
R Y w z H H e b n F
C u B U b
C

2

Uli

Emu

3

1: U u einkreisen; **Diff.:** versteckte Wörter finden; **2:** Wörter mit U u schreiben und lesen; Silbenarbeit beim Schreiben; **Diff.:** Wörter dieser Aufgabe oder eigene Wörter mit U u (ab-) schreiben; **3:** Silbentraining: Wörter in Silben schwingen, Silbenbögen mitsprechend setzen

1

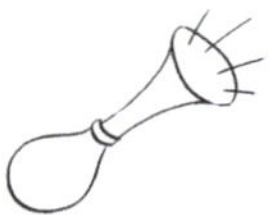

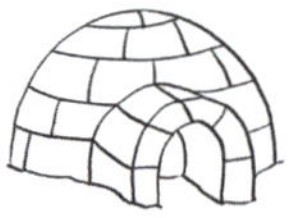

[Bilder mit Silbenbögen-Kästchen]

2

E mu

U li

O ma

3

| Lu | lu | Mu | mu | La | la | Ma | ma |
| Li | li | Mi | mi | Le | le | Me | me |

1: Wörter in Silben sprechen, ankreuzen in welcher Silbe U u zu hören ist; **Diff.:** siehe hinten
im Heft; 2: Mit Lautgebärden die Lautsynthese anwenden, Wörter lesen und schreiben;
3: Silbenarbeit (Piloten markieren, mit Silbenbögen lesen): Silben mehrmals lesen

• Fibel: S. 18/19
• C 31–34

1

Le ●	
	●
Lu ●	*(magnifying glass)*

Ma ●	
	●
Mu ●	*(music box)*

Mu ●	
	●
Mo ●	*(mummy)*

Mu ●	
	●
Ma ●	*(mattress)*

U ●	
	●
O ●	*(owl)*

U ●	
	●
O ●	*(stove)*

3

Ma ● ● mu
● ● ma

E ● ● mu
● ● ma

Lu ● ● lu
● ● lo

3

i u a

Oma

1: Silben lesen (Silbenarbeit) und mit passendem Bild verbinden
2: Silben lesen (Silbenarbeit), passend zum Bild verbinden
3: Wörter sprechen, Vokale heraushören und mit passendem Piloten verbinden

1

2

3

1: Wörter in Silben schwingen und sprechen, Wörter mit S s finden und einkreisen; Lautge-
bärde anwenden; **Differenzierung:** siehe hinten im Heft; über den QR-Code die Minibilder
anhören; **2/3:** S s nachspuren und schreiben

• Fibel: S. 20/21
• ◖ 35–39

1

USTOSFWGHSKPVXJYZS

aeslrswcnsxutirhsse

sHSalomeMSwqsoFSvsb

2

Susa

Silo

so

3

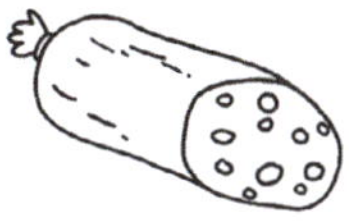

1: S s einkreisen; 2: Wörter mit S s schreiben und lesen; Silbenarbeit beim Schreiben;
Diff.: Wörter dieser Aufgabe oder eigene Wörter mit S s (ab-)schreiben;
3: Silbentraining: Wörter in Silben schwingen, mit der passenden Silbenanzahl verbinden

1

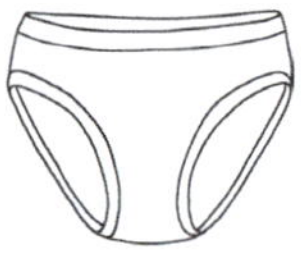

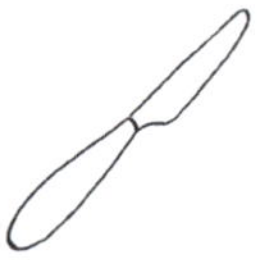

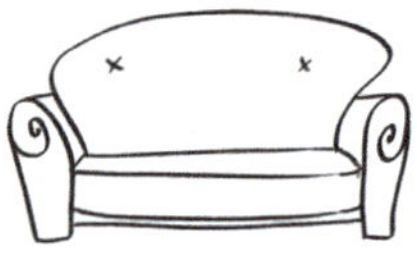

2

Lo se

Su si

Sa mu

3

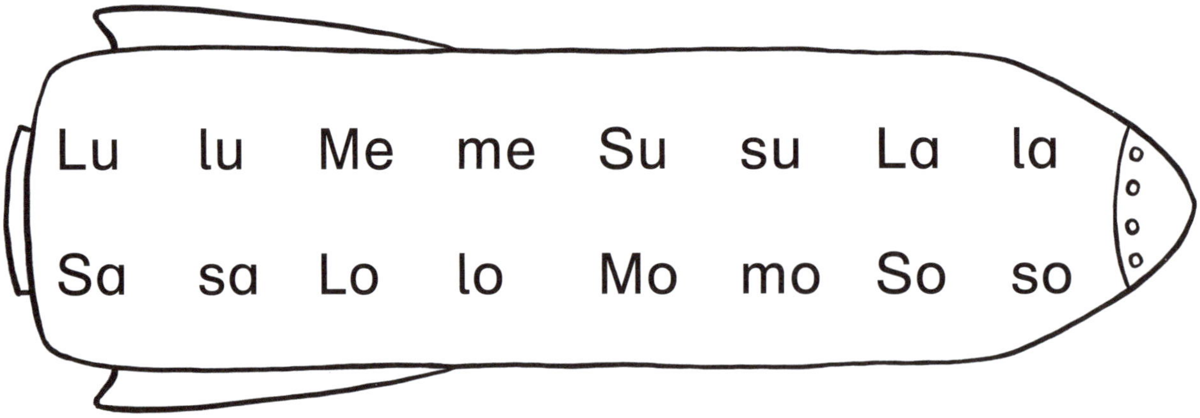

| Lu | lu | Me | me | Su | su | La | la |
| Sa | sa | Lo | lo | Mo | mo | So | so |

1: Wörter in Silben sprechen, ankreuzen in welcher Silbe S s zu hören ist; **Diff.:** s. hinten im
Heft; **2:** Mit Lautgebärden die Lautsynthese anwenden, Wörter lesen und mit passendem Bild
verbinden; **3:** Silbenarbeit (Piloten markieren, mit Silbenbögen lesen): Silben mehrmals lesen

• Fibel: S. 20/21
• ◯ 35–39

1

Sa •
Su •
• (Bild)

Su •
Sa •
• (Bild)

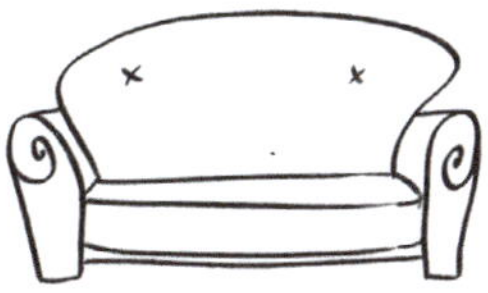

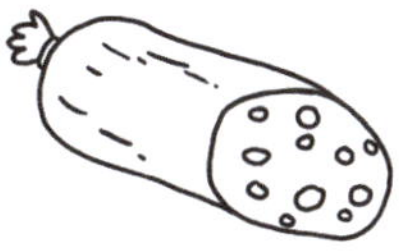

So •
Su •
• (Bild)

Se •
Sa •
• (Bild)

Si •
Se •
• (Bild)

Su •
So •
• (Bild)

2

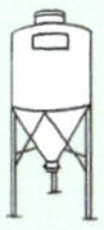

Si •
• lo
• so

Su •
• so
• sa

Lo •
• se
• su

3

Oma   **Mimi**   **Mama**

Alu   Emu   Ele

Susa   Lisa   Samu

Susi

• Fibel: S. 20/21
• ⌒ 35–39

1: Silben lesen (Silbenarbeit) und mit passendem Bild verbinden
2: Silben lesen (Silbenarbeit), passend zum Bild verbinden
3: Wörter sprechen, Vokale heraushören und mit passendem Piloten verbinden

47

In jeder Silbe ist ein Pilot

1

M a L J u e g o t w m a i n s L S u

2

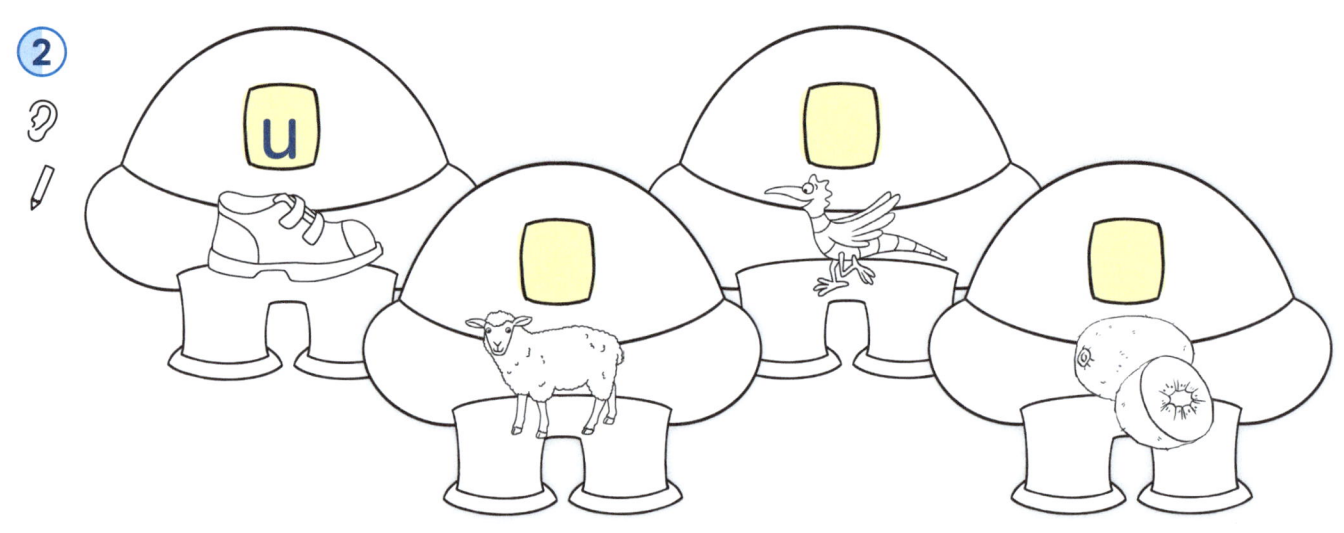

3

 A l i  S s

 M m  L m

 L s  S l m

4

Mi mi   li la   O le   Sa lo me

Lama   Susi   Omi   Salami

1: Piloten erkennen und markieren; 2: Wörter sprechen und schwingen, Piloten eintragen
3: Wörter sprechen und schwingen; fehlende Piloten ergänzen; Silbenbögen setzen
4: Piloten markieren, danach mit Silbenbögen lesen

• Fibel: S. 22/23
• ○ 40

48

Das kann ich

1

☺ ☺ ☹ ☹

2

L l

U u

E e

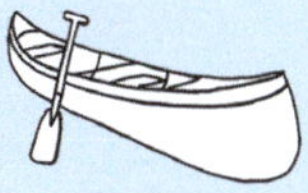

S s

☺ ☺ ☹ ☹

3

Leo   Susi   male

☺ ☺ ☹ ☹

• Fibel: am Ende von Kapitel 2   Inhalte aus den Bereichen Sprache untersuchen und Schreiben wiederholen; Lernerfolg selbst einschätzen; über Lernen sprechen; Lernerfahrungen reflektieren

49

 W w

1

2

3

1: Wörter in Silben schwingen und sprechen, Wörter mit W w finden und einkreisen; Laut-
gebärde anwenden; **Differenzierung:** siehe hinten im Heft; über den QR-Code die Minibilder
anhören; **2/3:** W w nachspuren und schreiben

• Fibel: S. 24/25
• ⌒ 41–45

1

AWTWWVOIYWMWVDMWHGI

waswuvxwovkawwmvwzyhmw

WaleMnWasserYUweVwWanne

2

Wale

wo

was

3

• Fibel: S. 24/25
• C 41–45

1: W w einkreisen; **Diff.**: versteckte Wörter finden; 2: Wörter mit W w schreiben und lesen;
Silbenarbeit beim Schreiben; **Diff.**: Wörter dieser Aufgabe oder eigene Wörter mit W w (ab-)
schreiben; 3: Silbentraining: Wörter in Silben schwingen, Silbenbögen mitsprechend setzen

51

1

2

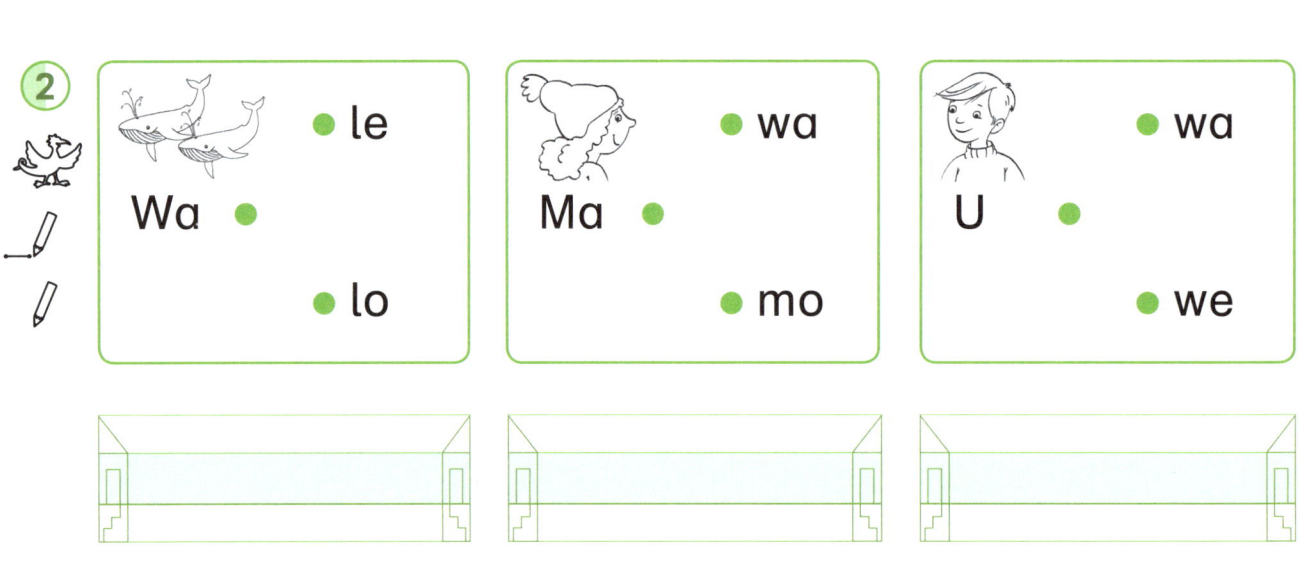

3

wo	Wa	we	wu	Wi
wa	We	wi	Wu	Wo
am	wa	ma	wo	um
me	wu	um	Mi	um
wu	am	mi	We	im

1: Wörter in Silben sprechen, ankreuzen in welcher Silbe W w zu hören ist; **Diff.**: siehe hinten • Fibel: S. 24/25
im Heft; **2**: Silben passend zum Bild verbinden und Wort schreiben; • ⌒ 41–45
3: Silbenarbeit (Piloten markieren, mit Silbenbögen lesen): Silben mehrmals lesen

1

am   im   um

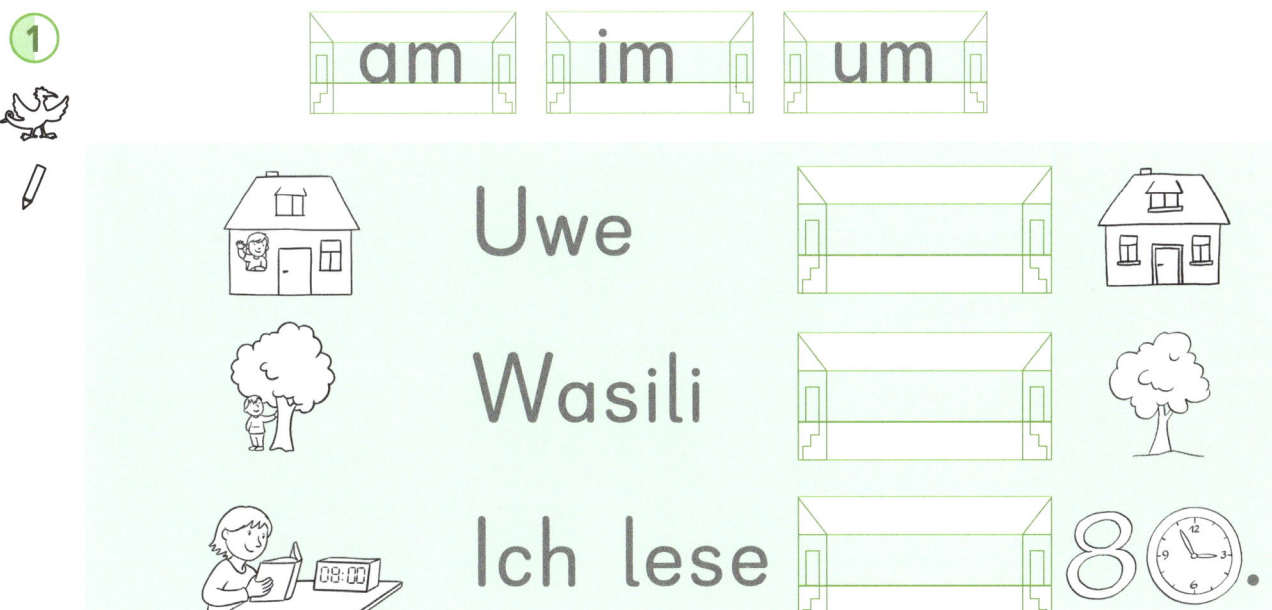

Uwe

Wasili

Ich lese [ ] 8○.

2

Ich lese Uwe.

Ich male lila Wale.

Ich lese Wasili.

3

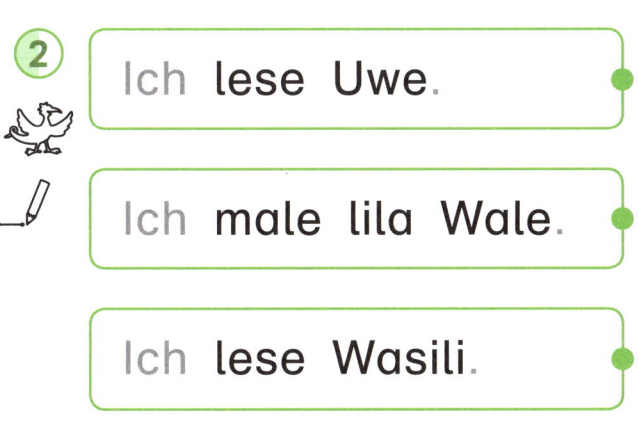

Wale	Wule	Wese
Mose	Lose	Wosa
Suluma	Selawa	Salami

lila Lose

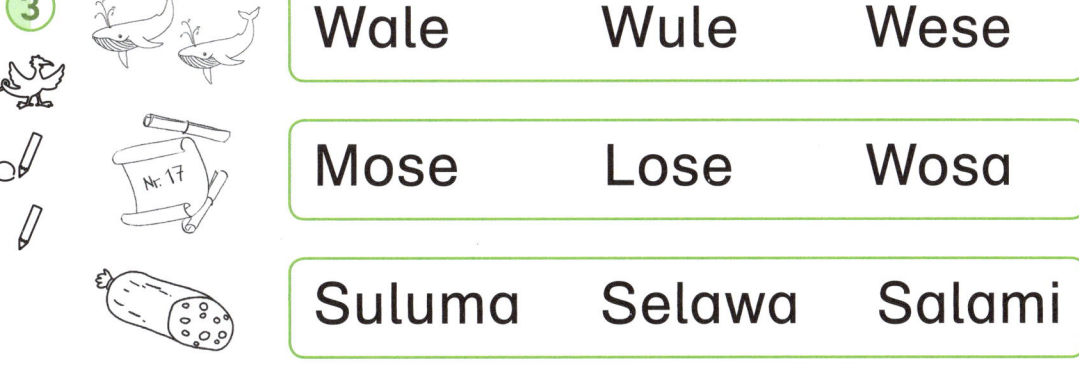

• Fibel: S. 24/25
• C 41–45

1: Bilder betrachten, passendes Wort (Präposition) schreiben; Silbenarbeit;
2: Silbenarbeit; Sätze mit passendem Bild verbinden
3: Silbenarbeit; zu den Bildern passende Wörter einkreisen und abschreiben

53

 **R r**

1

2

3

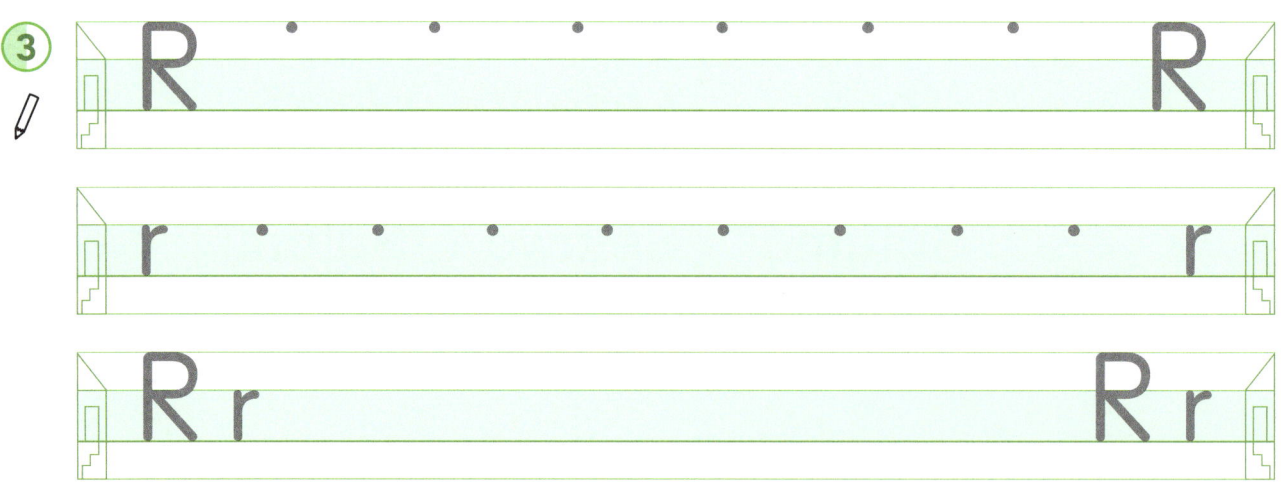

1: Wörter in Silben schwingen und sprechen, Wörter mit R r finden und einkreisen; Lautge-
bärde anwenden; **Differenzierung:** siehe hinten im Heft; über den QR-Code die Minibilder
anhören; **2/3:** R r nachspuren und schreiben

• Fibel: S. 26/27
• ⌒ 46–50

1

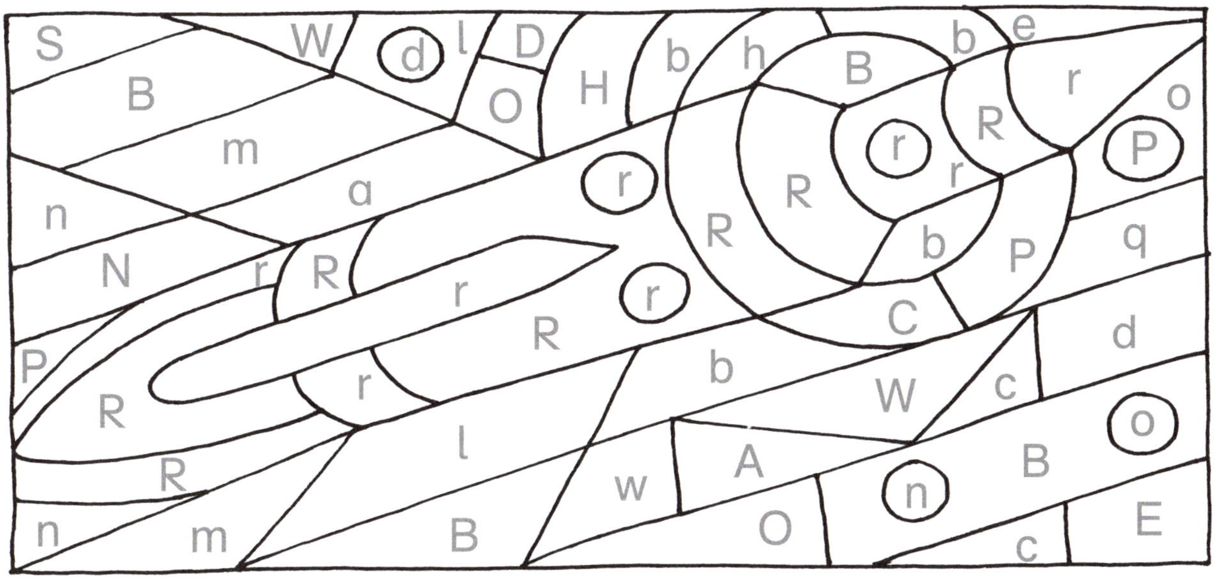

```
S       W   d  l  D       h  h    B           b  e
    B            O   H  b         B         b    r
        m        O                  r    R        o
  n        a                    R    R         r    P
  N      r  R              R   R        r    b       q
  P            r  R    r                      P
    R          r    R              b      C      c   d
      R                      w    A         W      c   o
  n     m          B            O        n      B    E
                                              c
```

2

Rose

rosa

3

• Fibel: S. 26/27
• C 46–50

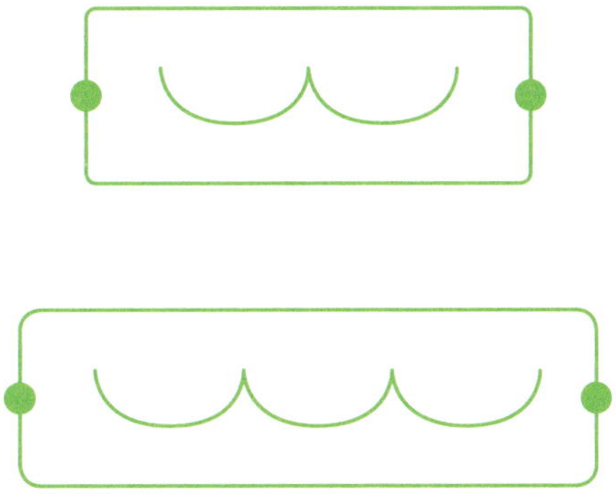

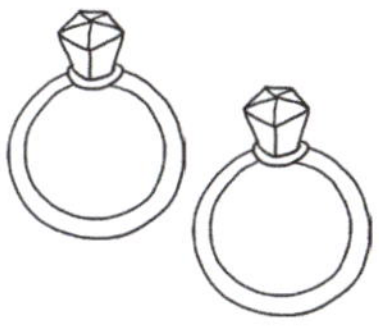

1: Felder mit R r anmalen; **2:** Wörter mit R r schreiben und lesen; Silbenarbeit beim Schreiben;
Diff.: Wörter dieser Aufgabe oder eigene Wörter mit R r (ab-)schreiben;
3: Silbentraining: Wörter in Silben schwingen, mit der passenden Silbenanzahl verbinden

1

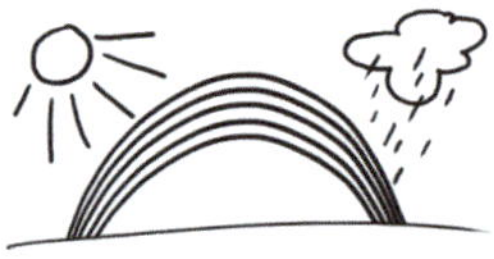

2

Ro • se
Ro •
• su

Sa • ra
Sa •
• mu

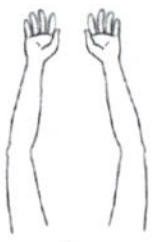

Ar • mu
Ar •
• me

3

(ich) (ist) ihr ich

ist ihr ist ich

mit ich ihr ist

ich ihr ist mit

5

5

56

1: Wörter in Silben sprechen, ankreuzen in welcher Silbe R r zu hören ist; **Diff.:** siehe hinten
im Heft; **2:** Silben passend zum Bild verbinden und Wort schreiben;
3: Ganzwörter *ich* und *ist* einkreisen

• Fibel: S. 26/27
• 46–50

1

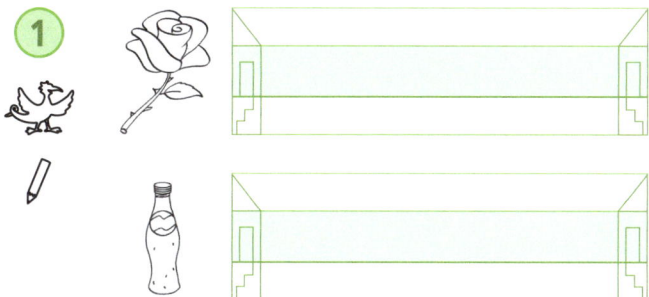

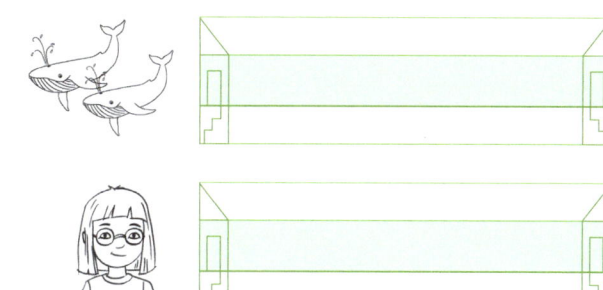

2

Remo ist im  .

Samara ist am  .

3

Wara	Lara	Rara
Rosu	rosa	Rose
Samara	Salami	Rasuma

Remo

• Fibel: S. 26/27
• C 46–50

1: Wörter sprechen, schwingen und aufschreiben;
2: Silbenarbeit (Piloten markieren, mit Silbenbögen lesen); passend malen
3: Silbenarbeit; zu den Bildern passende Wörter einkreisen und abschreiben

57

1

2

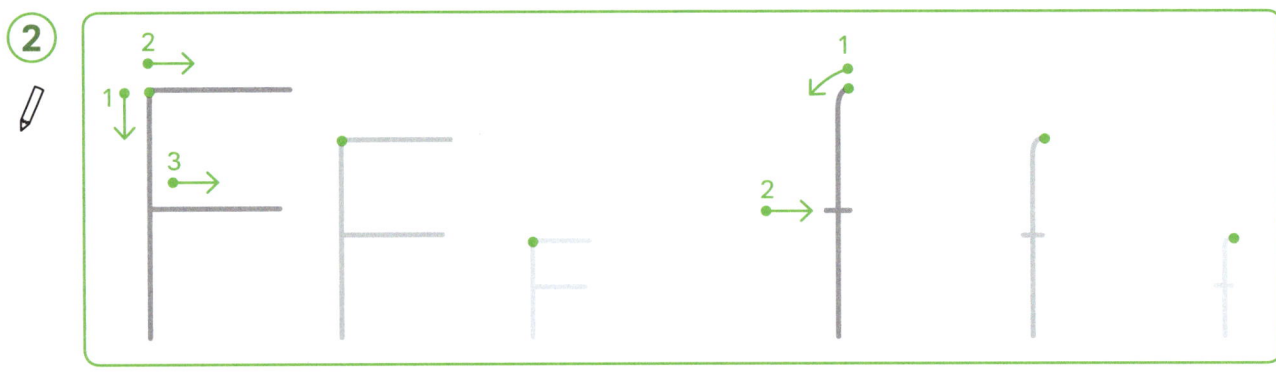

3

1: Wörter in Silben schwingen und sprechen, Wörter mit F f finden und einkreisen; Lautge-
bärde anwenden; **Differenzierung:** siehe hinten im Heft; über den QR-Code die Minibilder
anhören; **2/3:** F f nachspuren und schreiben

• Fibel: S. 28/29
• 𝒞 51–56

1

E	g	T	m	t	l	u	T	e	s
F	f	F	r	E	t	T	L	w	l
L	r	f	F	w	e	R	E	R	j
R	l	m	f	T	g	g	f	F	f
f	f	F	f	r	k	F	F	L	t
F	h	t	H	t	w	f	l	r	R
f	f	F	F	f	F	F	r	E	e

2

Faro

rufe

3

• Fibel: S. 28/29
• ⟲ 51–56

1: Felder mit F f anmalen; **2:** Wörter mit F f schreiben und lesen; Silbenarbeit beim Schreiben;
Diff.: Wörter dieser Aufgabe oder eigene Wörter mit F f (ab-)schreiben;
3: Silbentraining: Wörter in Silben schwingen, Silbenbögen mitsprechend setzen

59

1

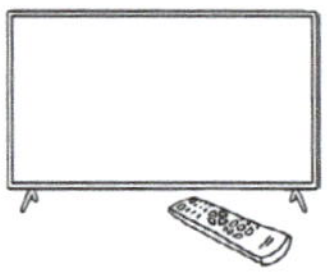

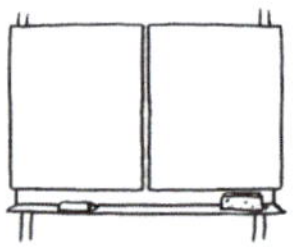

2

U • fe	Mo • fa	So • fi
• fo	• fu	• fa

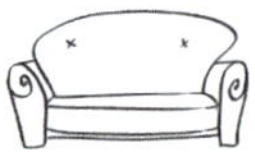

3

im   am   um

1: Wörter in Silben sprechen, ankreuzen in welcher Silbe F f zu hören ist; **Diff.:** siehe hinten im Heft; **2:** Silben passend zum Bild verbinden und Wort schreiben;
3: Bilder betrachten, passendes Wort schreiben

• Fibel: S. 28/29
• ⌒ 51–56

1

F f

Prüfe mit den Lautgebärden.

W w

Ⓕ	W		F	W	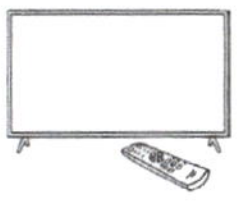	F	W		F	W		F	W

f	w		f	w		f	w		f	w		f	w

2

Rafael ist am Mofa. •

Wasili ist am Sofa. •

Faro ist im Ufo. •

3

Foma	Sola	Faro
Wosa	Sofa	Lofa
Felse	Relfe	Elfe

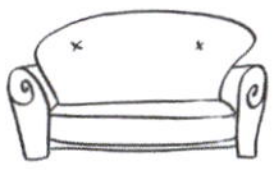

Rafael

• Fibel: S. 28/29
• C 51–56

1: Wörter sprechen, mit den Lautgebärden überprüfen; den richtigen Buchstaben einkreisen
2: Silbenarbeit; Sätze mit passendem Bild verbinden
3: Silbenarbeit; zu den Bildern passende Wörter einkreisen und abschreiben

61

1

2

3

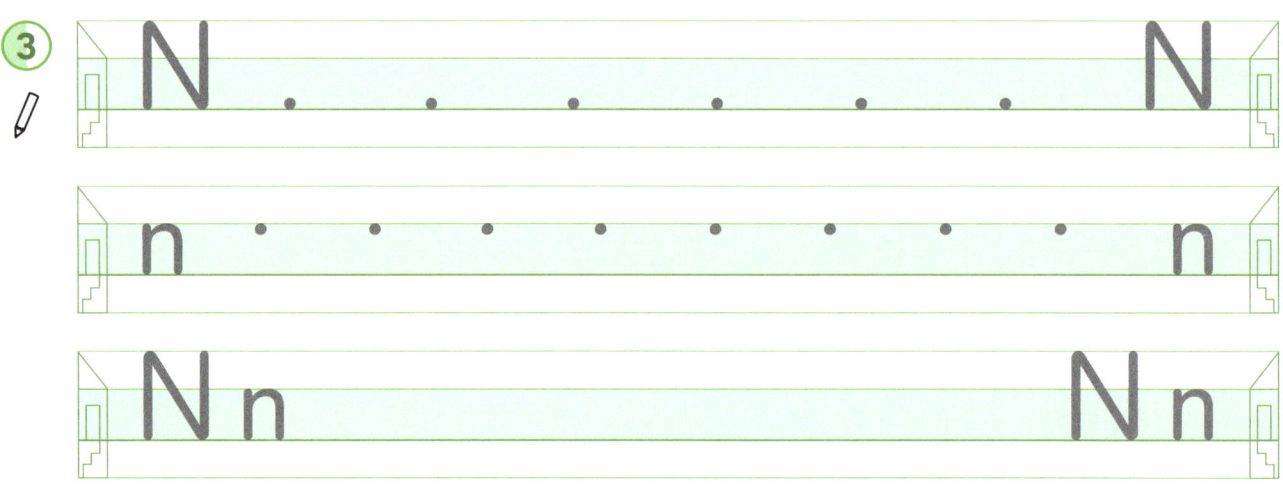

1: Wörter in Silben schwingen und sprechen, Wörter mit N n finden und einkreisen; Lautgebärde anwenden; **Differenzierung:** siehe hinten im Heft; über den QR-Code die Minibilder anhören; **2/3:** N n nachspuren und schreiben

• Fibel: S. 30/31
• C 57–61

1

NMPKVNAELNWPSDTNGMN ⑤

nhmowxanuenkenmnndwnnstp ⑧

MfnhNdNenawlNrennenMnunV ⑩

2

Name

Nena

nun

3

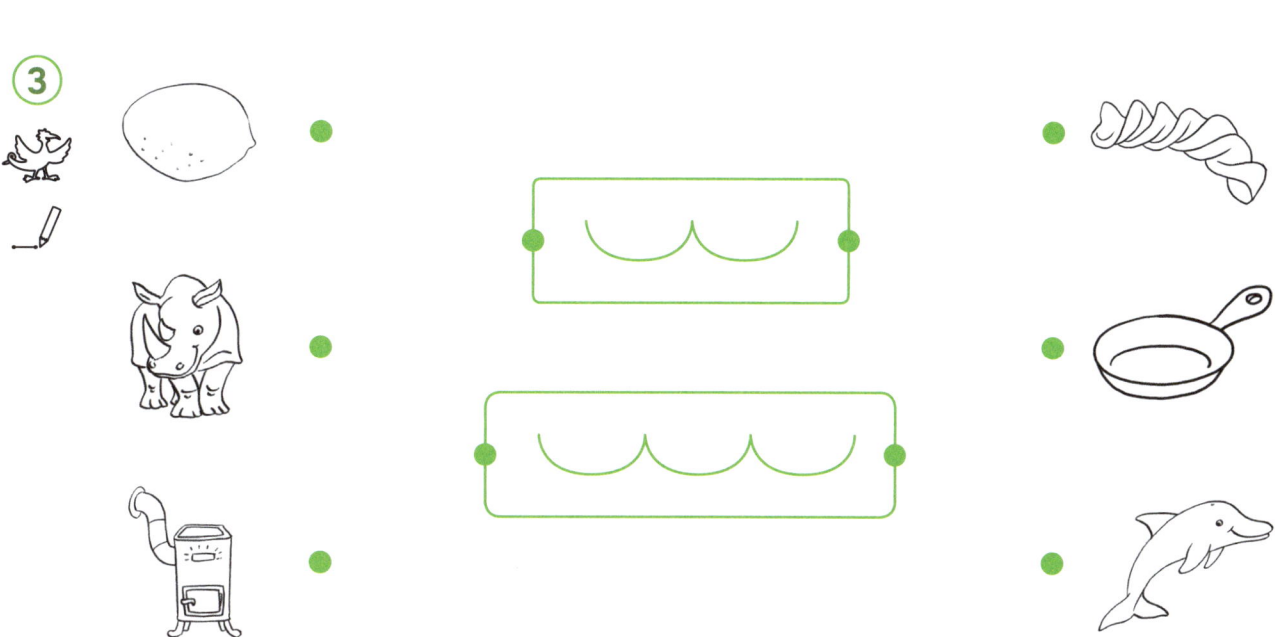

• Fibel: S. 30/31
• C 57–61

1: N n einkreisen; **Diff.:** versteckte Wörter finden; 2: Wörter mit N n schreiben und lesen;
Silbenarbeit beim Schreiben; **Diff.:** Wörter dieser Aufgabe oder eigene Wörter (ab-)schreiben;
3: Silbentraining: Wörter in Silben schwingen, mit passender Silbenanzahl verbinden

63

1

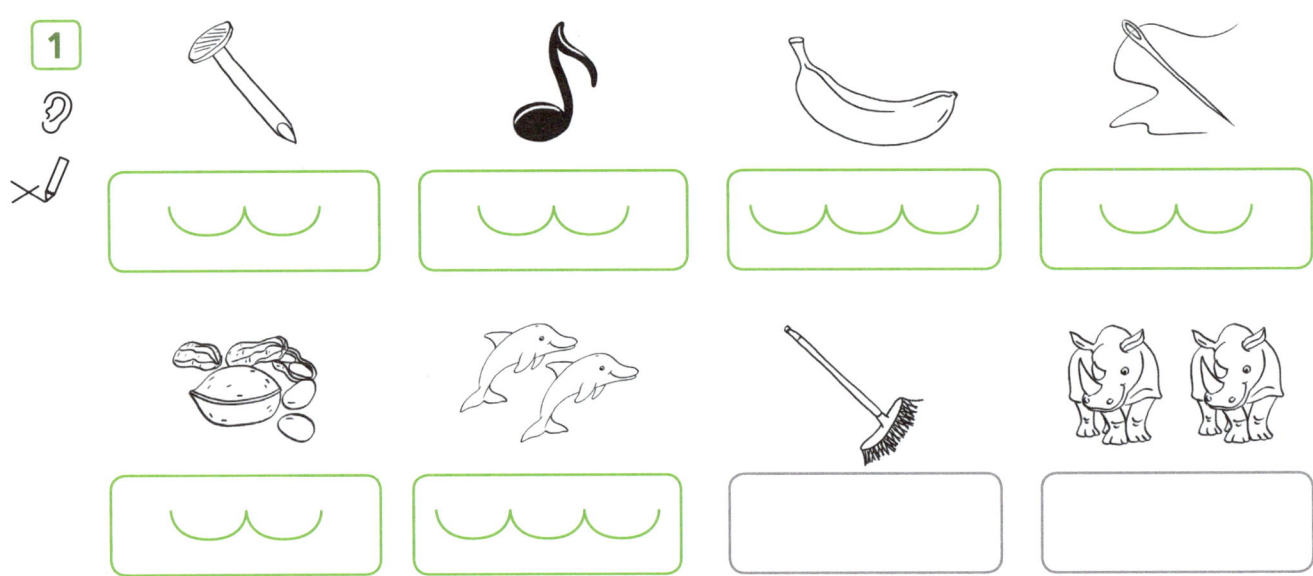

2

Na •	O •	E •
• se	• fun	• ser
• so	• fen	• sel

3

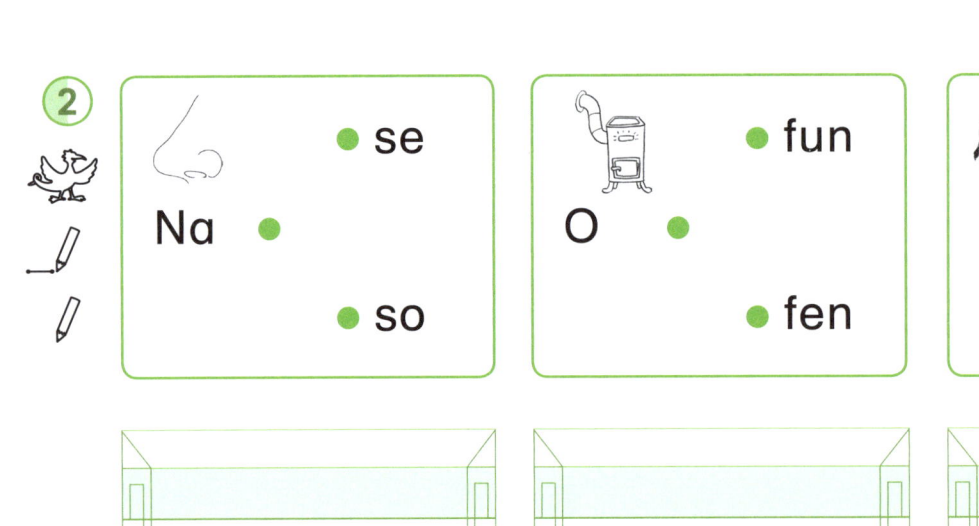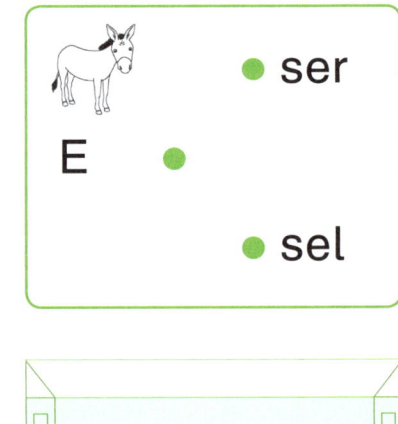

an	na im (an) na am um an un in an	③
nun	nun num nein mun nun run uns nun	③
wen	wem wen new men um wen mer wen	③
wer	mer wem wer wen wer mer wer war	③
in	ni in mi in ne iu ir in im iu	③
und	und nun um und uns und nur um	③

1: Wörter in Silben sprechen, ankreuzen in welcher Silbe N n zu hören ist; **Diff.:** siehe hinten im Heft; 2: Silben passend zum Bild verbinden und Wort schreiben; 3: Ganzwörter/Häufigkeitswörter einkreisen

• Fibel: S. 30/31
• C 57–61

1

2 Salome

Salome und

Salome und Nena

Salome und Nena malen.

Salome und Nena malen Melonen.

Salome und Nena malen rosa Melonen.

3

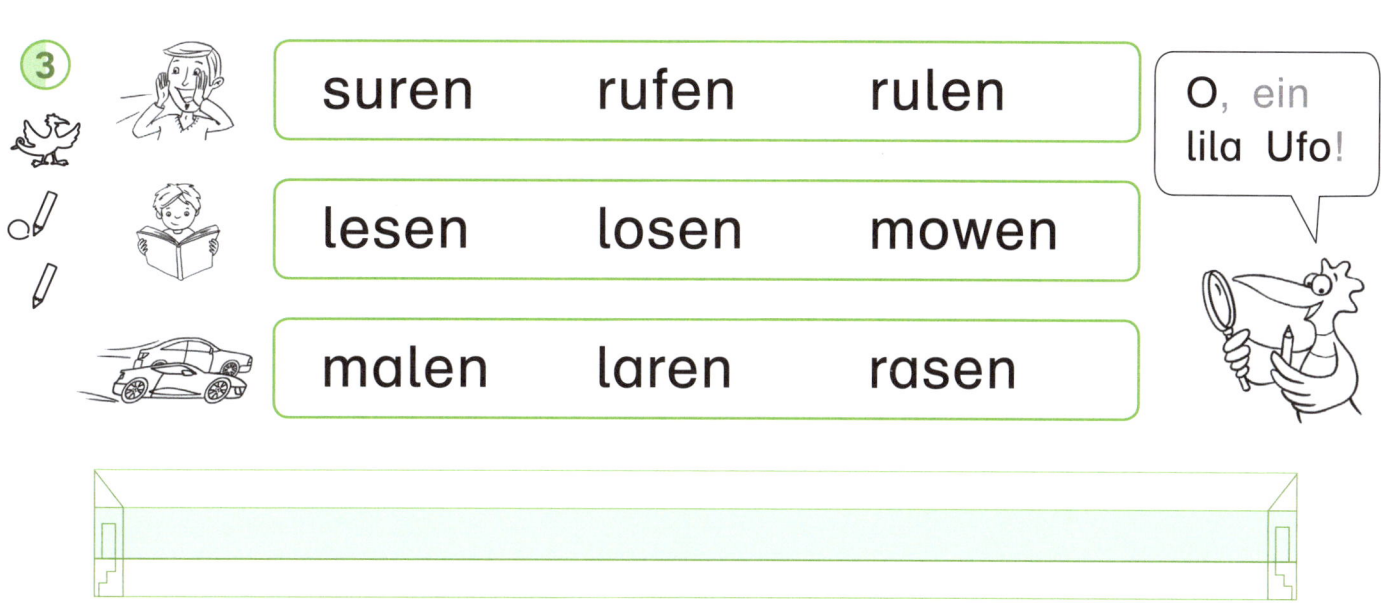

suren	rufen	rulen
lesen	losen	mowen
malen	laren	rasen

O, ein lila Ufo!

• Fibel: S. 30/31
• ⌒ 57–61

1: Wörter sprechen, schwingen und aufschreiben;
2: Silbenarbeit (Piloten markieren, mit Silbenbögen lesen); passend malen
3: Silbenarbeit; zu den Bildern passende Wörter einkreisen und abschreiben

65

Geschlossene Silben

1

was	nur	nun	wir	wer
nun	was	wer	nur	wir

w a s

2

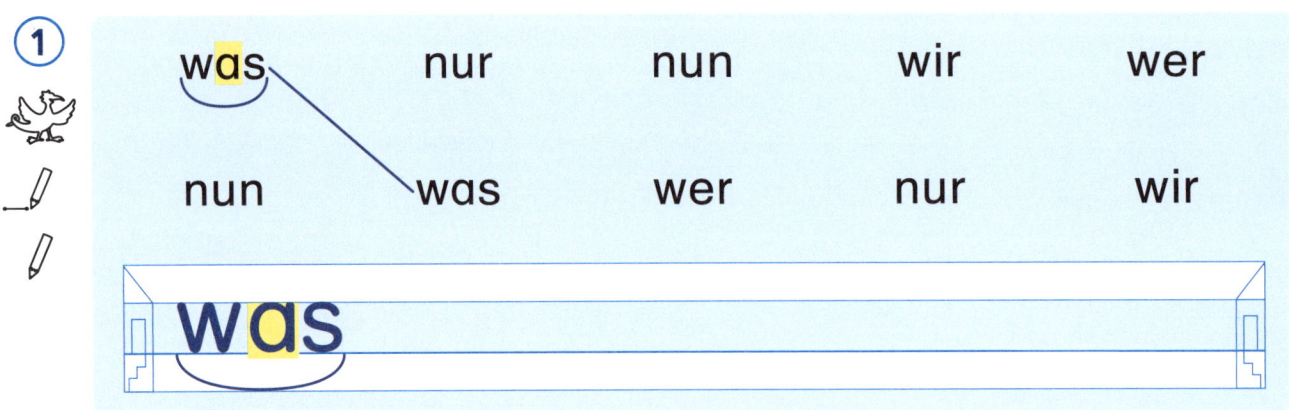

Nun mal los!

Wir lesen Insel-Romane.

Wir rufen unseren Faro.

3

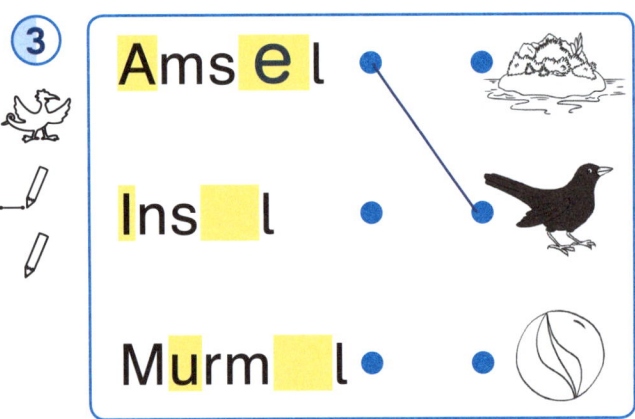

Amsel

Insl

Murmel

wir maln

wir rasn

wir losn

4

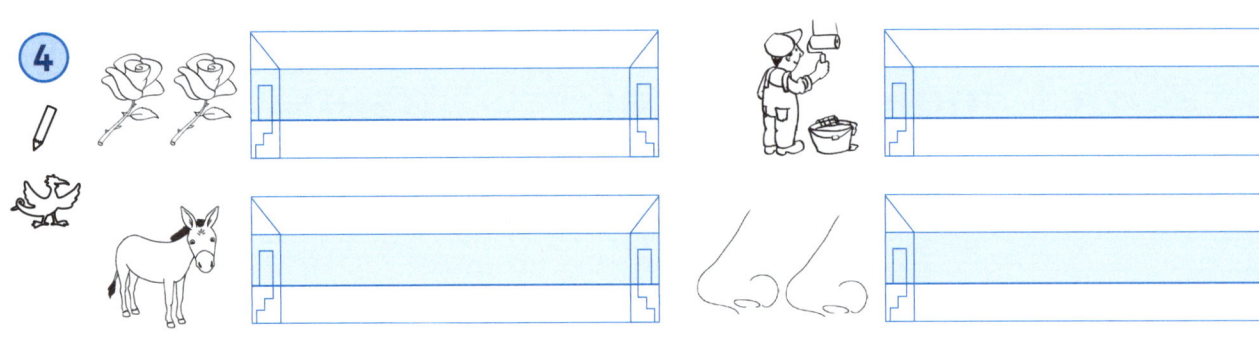

1: Wörter lesen und verbinden, abschreiben; 2: Silbenarbeit (Piloten markieren, mit Silben-
bögen lesen); 3: das e in den Wörtern ergänzen und mit passendem Bild verbinden;
4: Wörter sprechen, schwingen und aufschreiben;

• Fibel: S. 32/33
• ⌒ 62

Das kann ich

1

R r    N n

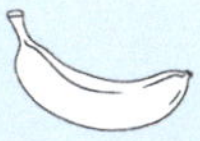

| 😃 | 🙂 | 😐 | ☹️ |

2

| F | W |

| F | W |

| F | W |

| f | w |

| f | w |

| 😃 | 🙂 | 😐 | ☹️ |

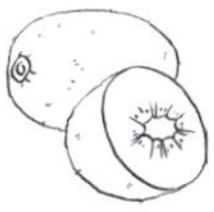

3

Amsel   Namen   unser   Murmel   lesen

| 😃 | 🙂 | 😐 | ☹️ |

4

| 😃 | 🙂 | 😐 | ☹️ |

• Fibel: am Ende von Kapitel 3   Inhalte aus den Bereichen Sprache untersuchen und Schreiben wiederholen;
Lernerfolg selbst einschätzen; über Lernen sprechen; Lernerfahrungen reflektieren

67

1

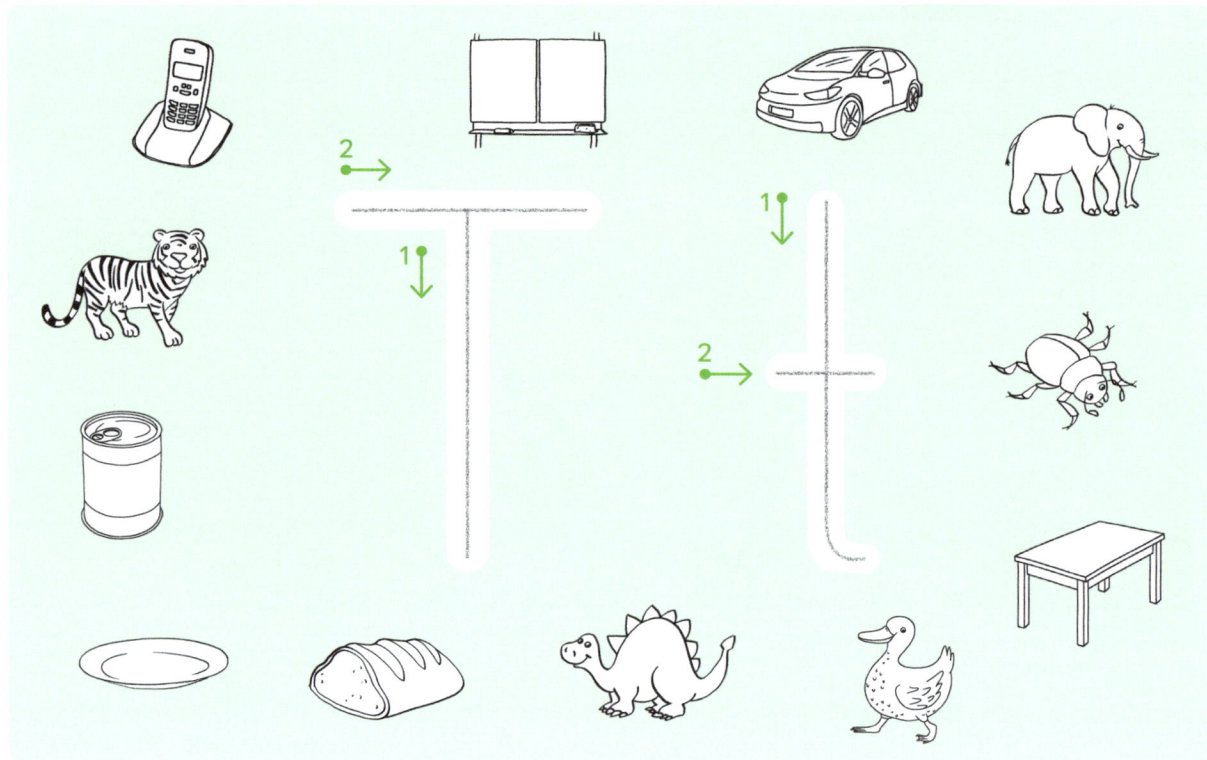

2

3

1: Wörter in Silben schwingen und sprechen, Wörter mit T t finden und einkreisen; Lautge-
bärde anwenden; **Differenzierung:** siehe hinten im Heft; über den QR-Code die Minibilder
anhören; **2/3:** T t nachspuren und schreiben

• Fibel: S. 34/35
• C 63–68

1

T	t	t	f	a	T	T	t	F	l
o	L	T	a	f	t	E	T	t	T
m	i	t	f	E	t	T	f	o	O
i	T	T	L	u	f	t	U	E	l
L	t	f	u	t	T	T	l	i	f
o	T	t	I	T	a	n	n	e	o
I	F	t	t	t	F	L	E	U	I

2 ✏️

Tor

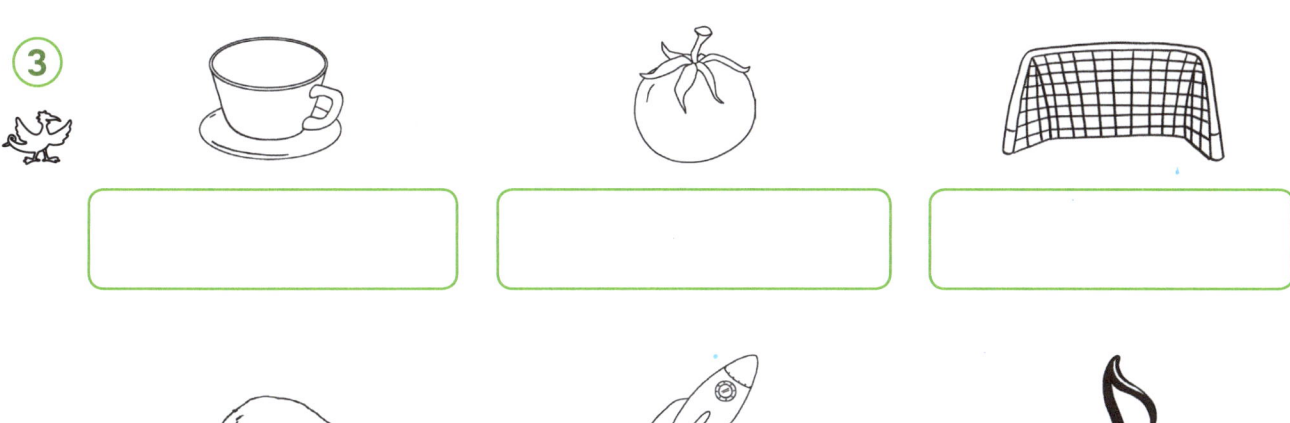

Tomate

3 🐦

• Fibel: S. 34/35
• ◯ 63–68

1: Felder mit T t anmalen; **2:** Wörter mit T t schreiben und lesen; Silbenarbeit beim Schreiben;
Diff.: Wörter dieser Aufgabe oder eigene Wörter mit T t (ab-)schreiben;
3: Silbentraining: Wörter in Silben schwingen, Silbenbögen mitsprechend setzen

69

1

2

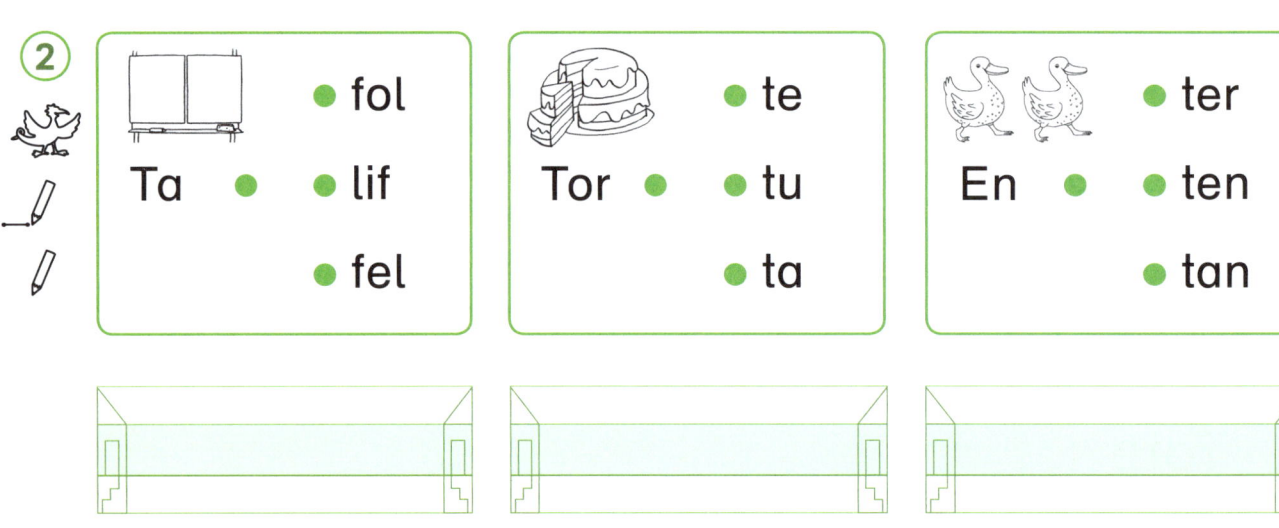

3

Tim	Tom	Ton	Tor	Tal
ist	mit	Tal	mit	ist
Tor	ist	Tom	Tim	tun
mit	Ton	Tor	nun	im
Tom	ist	nun	im	Tor

1: Wörter in Silben sprechen, ankreuzen in welcher Silbe T t zu hören ist; **Diff.:** siehe hinten im Heft; **2:** Silben passend zum Bild verbinden und Wort schreiben; **3:** Silbenarbeit (Piloten markieren, mit Silbenbögen lesen); Wörter mehrmals lesen

• Fibel: S. 34/35
• C 63–68

1

- ☒ Momo
- ☐ Toto
- ☐ Welle
- ☐ Sonne

- ☐ Matte
- ☐ Sessel
- ☐ Mantel
- ☐ Tannen

2

| Ufo | Sofa | Telefon | Teller | Wasser |

Tim ist am _____ .

Mattis ist im _____ .

Toto ist am _____ .

Kari

3

Tasse   Tonne   Teller

Ritter   Ratte   Roller

Wetter   Wasser   Watte

Sonne

_____

• Fibel: S. 34/35
• C 63–68

1: Silbenarbeit; Bild betrachten und ankreuzen, was im Bild zu sehen ist; 2: Silbenarbeit; pas-
sendes Wort ergänzen (verschiedene Möglichkeiten); Diff.: Sätze in ein Schreibheft schreiben;
3: Silbenarbeit; zu den Bildern passende Wörter einkreisen und abschreiben

71

1

Tasse	Salat	Watte
Name	Waffel	Nummer
Otter	Sofa	Retter

Ritter

Tasse,

2

fe	ter
ne	Tel
Rit	Af
ler	Son

3 Wir wollen immer alles wissen.

Wir sollen immer alles lernen.

Was wollen wir alles lernen?

1: Silbenarbeit (Piloten markieren, mit Silbenbögen lesen), Doppelkonsonanten einkreisen,
Wörter mit Doppelkonsonanten abschreiben; 2: Silben lesen, Wörter schreiben, Silbenarbeit;
3: Lesen, Doppelkonsonanten einkreisen

• Fibel: S. 34/35
• C 63–68

1

ich rette
wir retten

ich esse
wir essen

ich renne
wir rennen

ich rolle
wir rollen

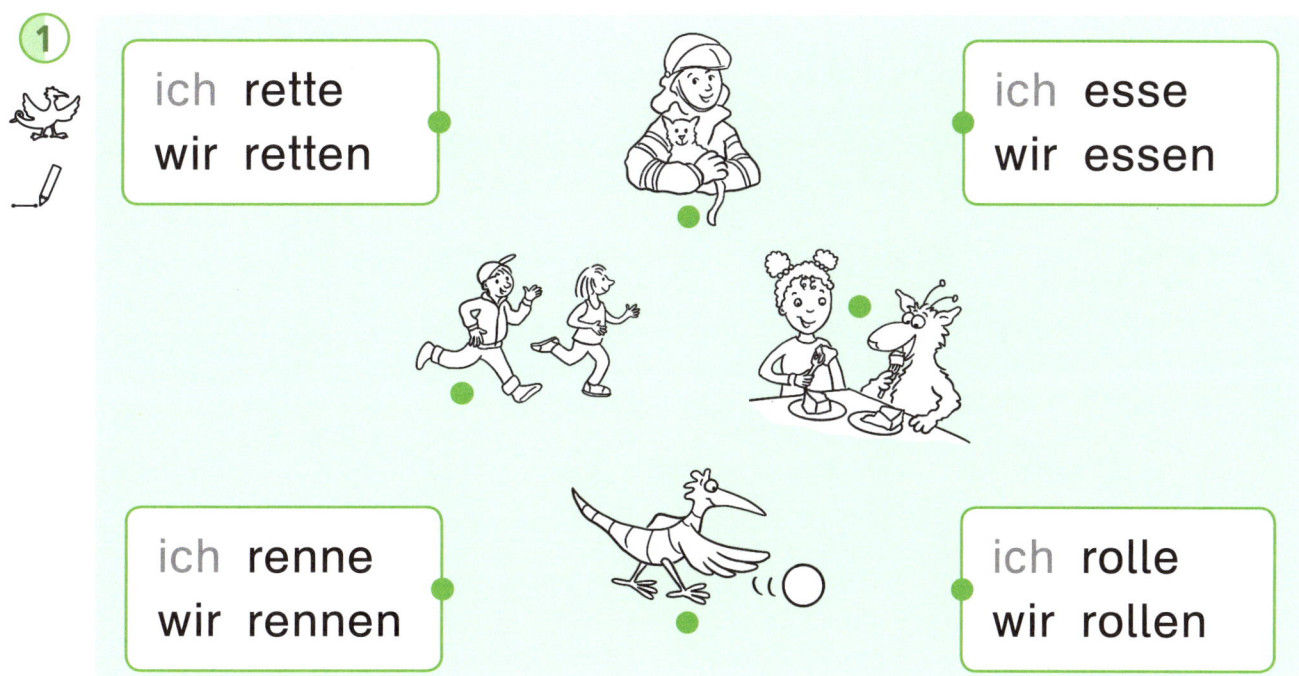

2

ich rate

ich

wir

wir wetten

3

Ich	malen	lila Ratten.
Wir	male	rosa Ritter.
		rote Tomaten.

Ich

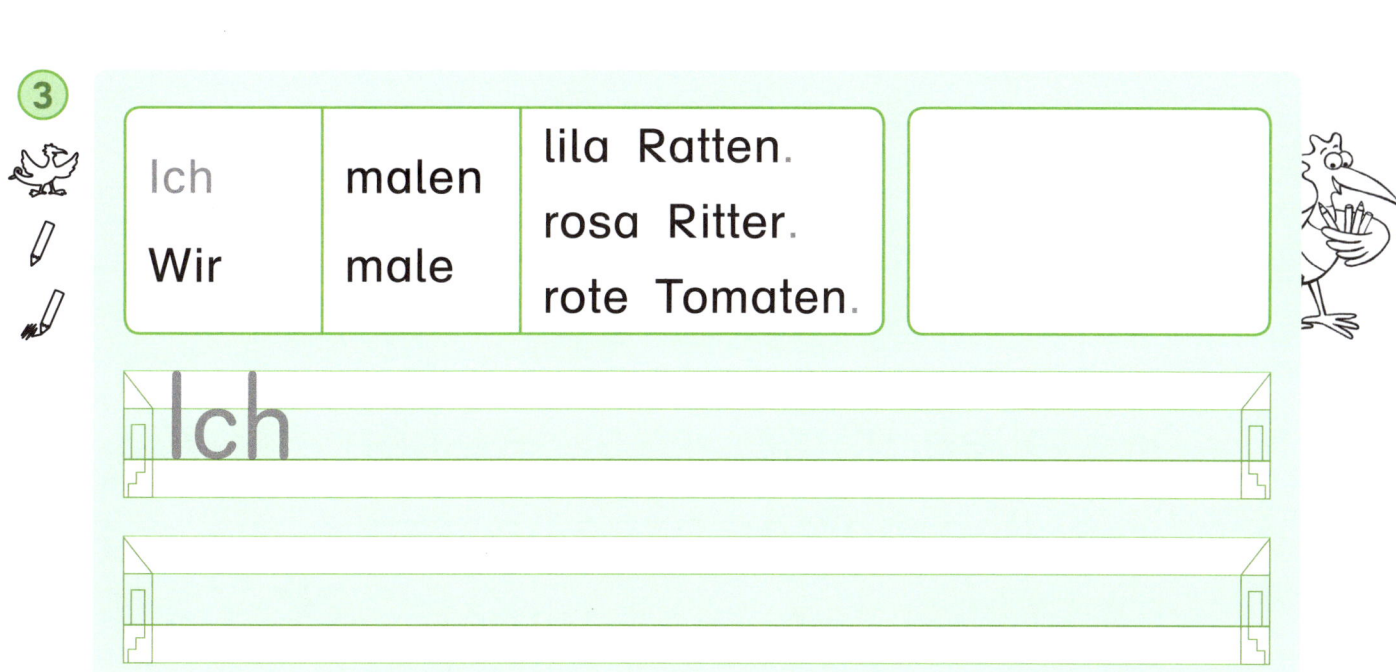

• Fibel: S. 34/35
• C 63–68

1: Silbenarbeit; Bilder passend verbinden; **2:** passende Verbform bilden;
3: Silbenarbeit; Sätze bilden und aufschreiben (verschiedene Möglichkeiten); dazu passend
malen

73

1

2

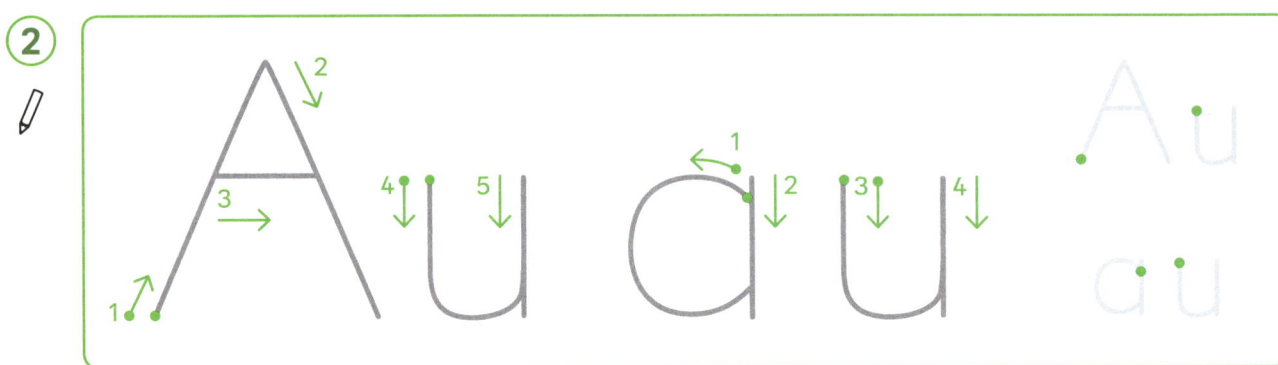

3

1: Wörter in Silben schwingen und sprechen, Wörter mit Au au finden und einkreisen; Laut-
gebärde anwenden; **Differenzierung:** siehe hinten im Heft; über den QR-Code die Minibilder
anhören; **2/3:** Au au nachspuren und schreiben

• Fibel: S. 36/37
• C 69–74

1			
Au	EiOoFuUu(Au)EuAaUoAuAuAnEiAuAoEu	**4**	
au	ieanaunaieauoeuoauoeaneiauauuaoeua	**5**	
Au au	aus Maus Salat auf raus Automat Laus	**6**	
Au au	laufen Affe laut malen raufen Traum Auto	**5**	

2

Auto

laut

aus

3

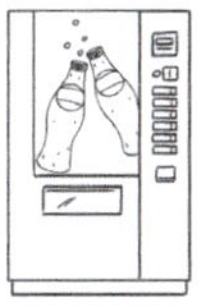

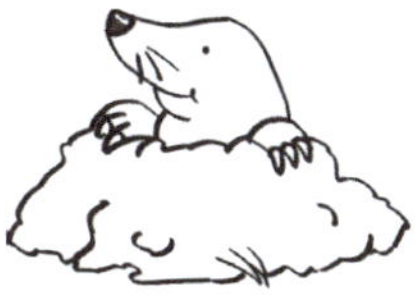

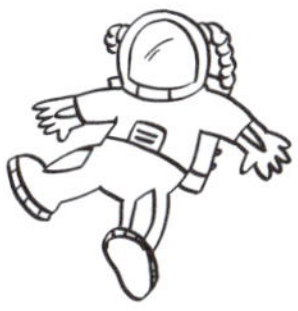

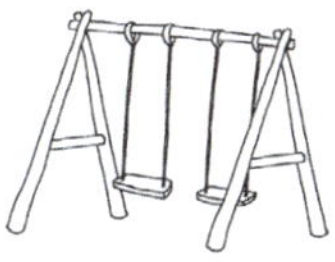

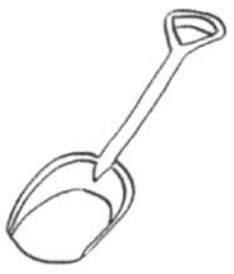

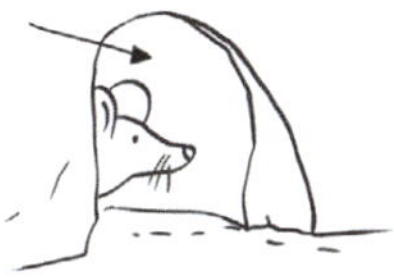

1: Au au einkreisen: **Diff.:** Wörter lesen; 2: Wörter mit Au au schreiben und lesen; Silbenarbeit
beim Schreiben; **Diff.:** Wörter dieser Aufgabe oder eigene Wörter (ab-)schreiben;
3: Silbentraining: Wörter in Silben schwingen, mit der passenden Silbenanzahl verbinden

1

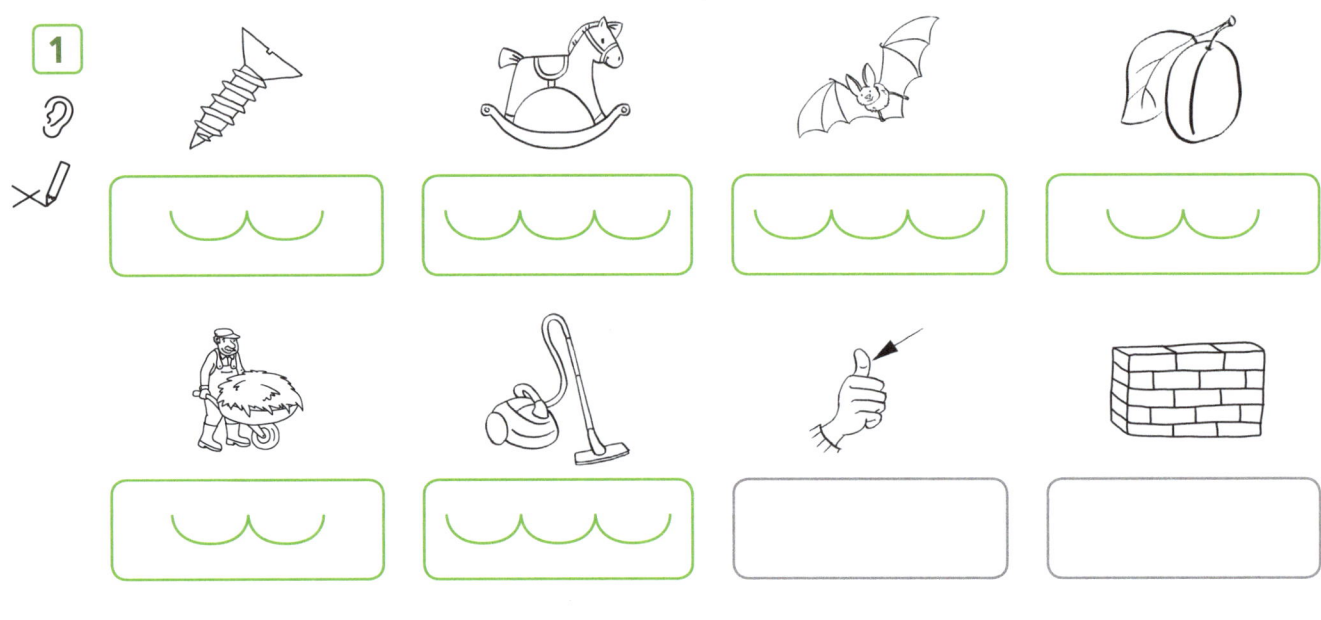

2

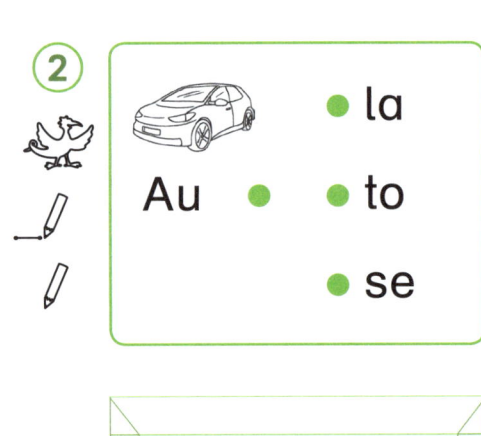

Au	•	• la
		• to
		• se

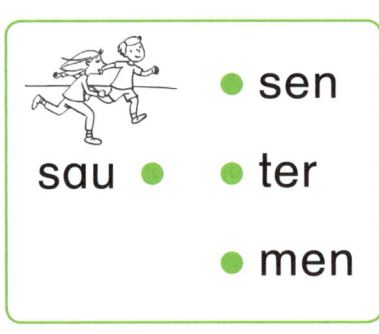

sau	•	• sen
		• ter
		• men

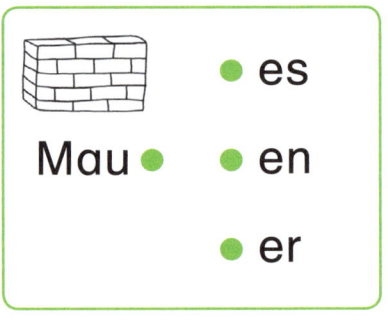

Mau	•	• es
		• en
		• er

3

Ma**u**er

mausen

Maurer

maulen

Mauer

Affe

Auto

Aula

Auto

Anton

raufen

laufen

lausen

laufen

lauten

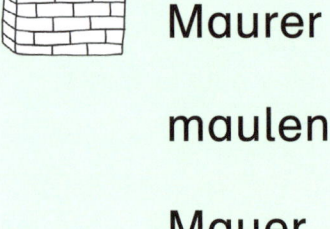

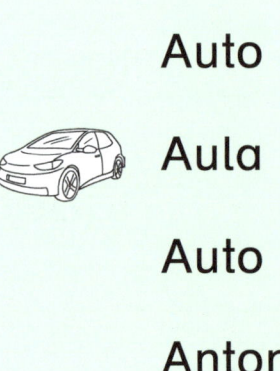

1: Wörter in Silben sprechen, ankreuzen in welcher Silbe Au au zu hören ist; **Diff.:** siehe hinten im Heft; **2:** Silben passend zum Bild verbinden und Wort schreiben; **3:** Silbenarbeit (Piloten markieren, mit Silbenbögen lesen), zum Bild passende Wörter einkreisen

• Fibel: S. 36/37
• ⌒ 69–74

1

☐ Wir raufen unter Matten.

☐ Wir raufen an Matten.

☐ Wir raufen auf Matten.

☐ Wir laufen laut.

☐ Wir laufen raus.

☐ Wir laufen faul.

2

ich sause

ich

wir

wir laufen

Rote Ufos sausen!

3

Mauer   Maus   Mama

lesen   lernen   laufen

tasten   tauen   turnen

• Fibel: S. 36/37
• C 69–74

1: Silbenarbeit; passenden Satz ankreuzen
2: passende Verbform bilden
3: Silbenarbeit; zu den Bildern passende Wörter einkreisen und abschreiben

77

1

2

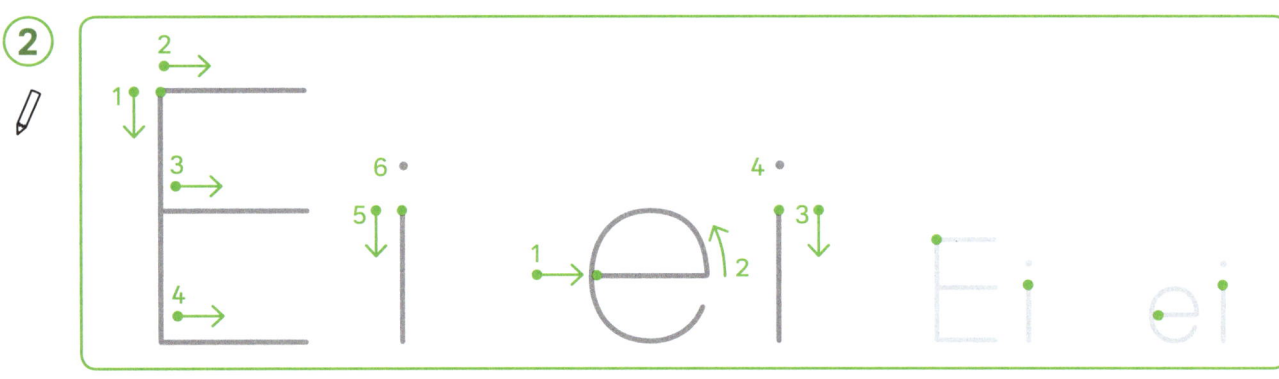

3

1: Wörter in Silben schwingen und sprechen, Wörter mit Ei ei finden und einkreisen; Laut-
gebärde anwenden; **Differenzierung:** siehe hinten im Heft; über den QR-Code die Minibilder
anhören; **2/3:** Ei ei nachspuren und schreiben

• Fibel: S. 38/39
• ⌒ 75–80

Ei	FilrEiFliEMeEiLTiEeFMiEiTeFaEiTLiE	4
ei	hieneimeaeioeihieneihnieaeimeaneih	6
Ei ei	ein meine Eimer nie Ei seine nein laut Eis	7
Ei ei	Seife einer Eile Leiter Maler Ameise Eier	6

2

Eimer

weil

nein

_____

3

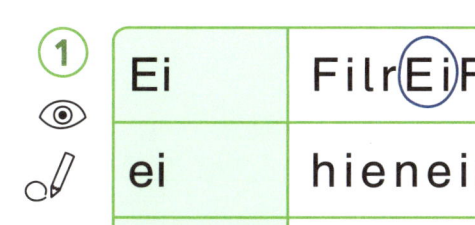

• Fibel: S. 38/39
• 75–80

1: Ei ei einkreisen: **Diff.:** Wörter lesen; **2:** Wörter mit Ei ei schreiben und lesen; Silbenarbeit beim Schreiben; **Diff.:** Wörter dieser Aufgabe oder eigene Wörter (ab-)schreiben; **3:** Silbentraining: Wörter in Silben schwingen, Silbenbögen mitsprechend setzen

79

1

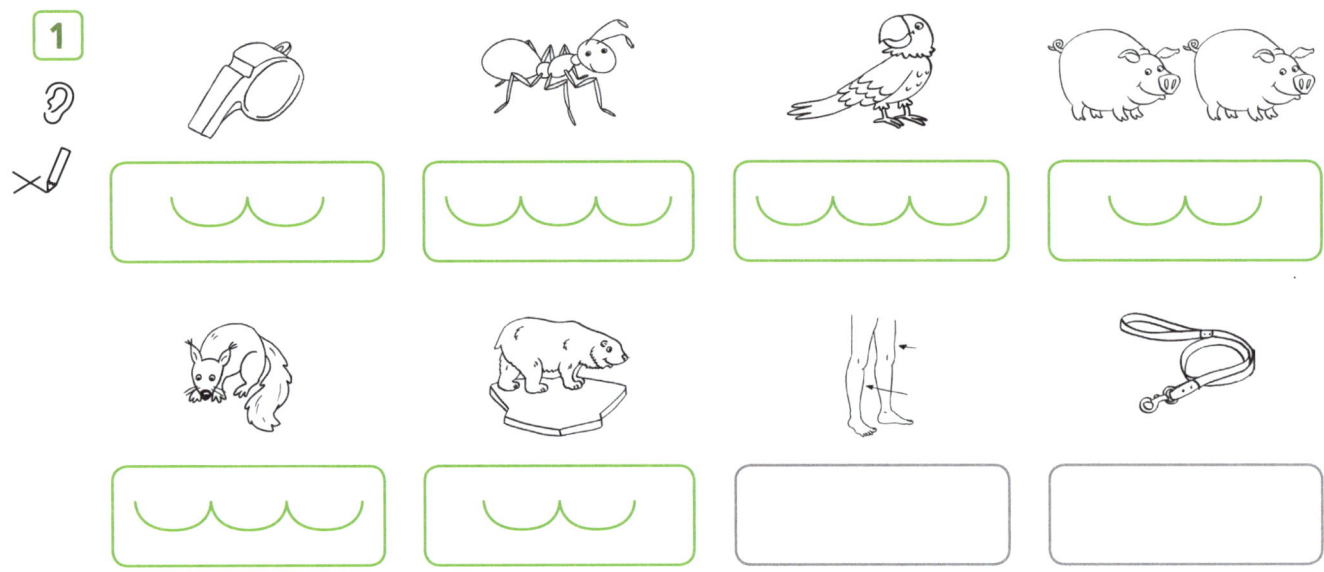

2

Ei	•	• mer				
		• ma				
		• men				

Ei • • mer / ma / men

Sei • • fo / fi / fe

Lei • • ten / ter / tor

3

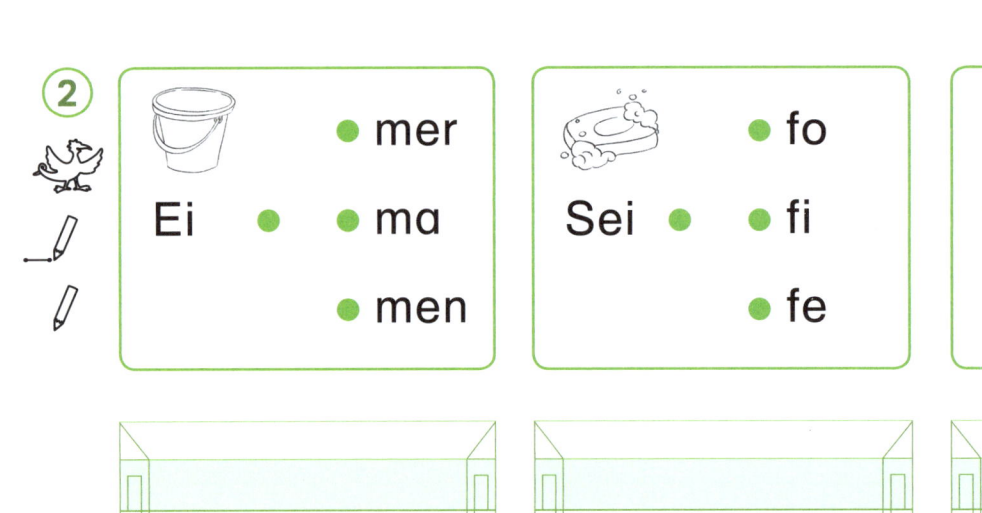

mein	(mein)	nein	mien	nein	neim	weim
	mein	nien	mein	wein	main	mein
sein	seim	sein	feim	sein	saim	sein
	sein	fein	seim	neis	sein	sein
nein	nein	neim	nein	nien	nein	eine
	mein	neim	nein	eine	mein	nein

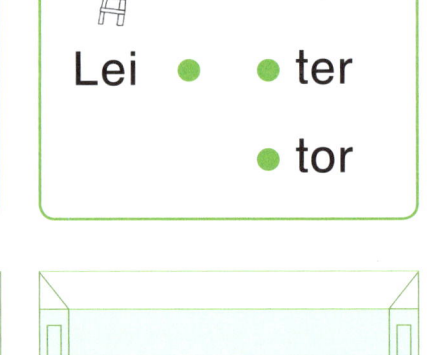

4

6

5

80

1: Wörter in Silben sprechen, ankreuzen in welcher Silbe Ei ei zu hören ist; **Diff.**: siehe hinten • Fibel: S. 38/39
im Heft; 2: Silben passend zum Bild verbinden und Wort schreiben; • ○ 75–80
3: Ganzwörter/Häufigkeitswörter einkreisen

1

- [ ] ein Eis
- [ ] ein Reifen
- [ ] ein Eimer
- [ ] ein Auto

- [ ] eine Feile
- [ ] eine Ameise
- [ ] eine Leiter
- [ ] eine Leine

2

Eine Ameise ist am roten Eimer.

3

| reisen | rennen | reiten |

| Seile | Seife | Seite |

| Leiter | Leine | leiten |

• Fibel: S. 38/39
• ◯ 75–80

1: Silbenarbeit (Piloten markieren, mit Silbenbögen lesen); Bild betrachten und ankreuzen,
was im Bild zu sehen ist; 2: Silbenarbeit, passend malen, Satz abschreiben
3: Silbenarbeit; zu den Bildern passende Wörter einkreisen und abschreiben

81

Doppelkonsonanten

1

Te**ll**er   Salat   Watte   Name

---

offen    Schwingen hilft!    Ofen

2

 ♪	t	tt
(knight)	t	tt

(chair)	s	ss
(donkey)	s	ss

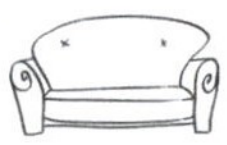

N**o**te

(waffle)	f	ff
(sofa)	f	ff

(whale)	l	ll
 (yarn)	l	ll

---

1: Silbenarbeit (Piloten markieren, mit Silbenbögen lesen), Doppelkonsonanten einkreisen,
Wörter abschreiben; 2: Wörter schwingen; entscheiden, ob das Wort mit einfachem oder
doppeltem Konsonant(en) geschrieben wird; Wörter schreiben, Silbenarbeit

• Fibel: S. 40/41
• ◠ 81

Das kann ich

1

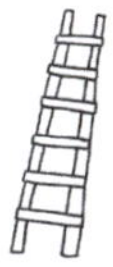

Mau	ler
ne	Son
	ter
Tel	Lei
er	

😃 🙂 😐 🙁

2

ich teile   ich

wir   wir raufen

😃 🙂 😐 🙁

3

M⬛s    L⬛ne

l⬛fen    r⬛ten

😃 🙂 😐 🙁

4

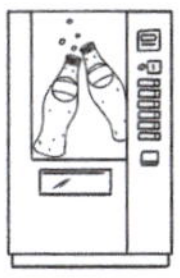

😃 🙂 😐 🙁

• Fibel: am Ende von Kapitel 4   Inhalte aus den Bereichen Sprache untersuchen und Schreiben wiederholen;
Lernerfolg selbst einschätzen; über Lernen sprechen; Lernerfahrungen reflektieren

83

Inhaltsverzeichnis